**コロロ
メソッド
で学ぶ**

ことばの発達
ワークシート
①
因果関係と理由 編

コロロ発達療育センター〔編〕

合同出版

♣ ワークシートの使い方

　このワークブック（シリーズ全3巻）は、コロロ発達療育センターが発達障害や自閉スペクトラム症の子どものために考案した【コロロメソッドの概念学習プログラム（新発語プログラム）】に基づいて作成されたものです。1巻では、「原因と結果・理由を説明する」力が身につくワークがまとめられています。

　大人が付き添い、子どもの発達段階に応じて、解答に導くためのヒントやアドバイスを与えながら取り組んでください。ごく身近な題材が教材になっています。日常の体験を共有しながら、一つひとつのワークに取り組んでください。

●こんな子ども・大人に適しています

・1～2行の文の読み書きができる
・形容詞や副詞の言葉を使って文を作ることができる
・5W1Hの質問に答えることができる
　この3つの学習ができていれば、小学校低学年から大人の方まで広くお使いいただけます。

●指導のポイント

Point 1 わかる項目からはじめ、スモールステップで理解を広げる

・本人がわかりやすいと思われる項目から、はじめてください。
・子どもの能力に応じて、達成基準を明確に定めましょう。【基本編】でいったん終了してもかまいません。
・その時、その場の子どもの感覚や感情を読み取り、その状況に応じたことばで働きかけてください。
・つまずいた場合は、答えを教えてクリアするのではなく、少し前のできる段階にもどって理解させてからつぎに進みましょう。
・質問のしかたが少しでもちがうと答えられなくなることがよくあります。問われる内容や質問のしかたが変わっても、答えられるように、子どもの状況に応じて問題をアレンジしてください。こうした工夫がとても重要です。

・子どもが、ワークの内容を理解しているかどうかを確かめながら指導してください。イメージできないような課題は先送りして、半年〜1年後、もう少し理解が進んだ頃に再度取り組んでみてください。

・ワーク学習で答えられるだけではなく、実際の場面でも、応用できるように指導してください。実際の行動と言語が結びつくことで、能力が育っていきます。

Point 2 解答は1つではない

・解答は子どもの発達段階によって異なります。現在の子どもの能力に合わせた解答を導いてください。なるべく具体的な、イメージしやすいことばで、解答を示してください。基本的な答え方がわかるようになったら、より詳しく説明できるように指導しましょう。

Point 3 子どもの年齢や理解度に合わせて、課題をアレンジする

・出題をもとに、子どもの状況に合わせてシーンや問いかけを自由にアレンジしてください。

● 第1巻の構成と使い方

目の前にある現象をことばで説明できても、「どうして」と理由を質問されると答えられない子どもが少なくありません。

理由を答えるためには、物事には「原因→結果」という関係性があることを理解する「因果関係」の学習が不可欠です。

原因と結果が結びつくようになったら、「どうして」という「理由の説明」ができるように学習をすすめていきます。

身近にある 21 のシーンを基本パターンにしています。原因と結果から理由の説明のしかたを学習します（8〜 47 ページ）。

○因果関係

　基本 1 から基本 12 まであります。おなじシーンに関して出題のしかたが変わっていきます。

　①21 のシーンの絵を見て、状況を理解させます（基本 1〜2）。

　②「だから」という接続詞でつなぐことで、「原因がある。だから結果がこうなる」という文章表現を覚えていきます（基本 3〜7）。

○理由の説明

　因果関係の文章が書けるようになったら、「どうして〜ですか？」という問いに対して、「〜だからです」と理由を答える質問形式を学びます（基本 8）。

○パターン崩し

　基本のパターンで因果関係と理由説明が書けるようになったら、答え方がパターン化しないようパターン崩しにチャレンジします（基本 9〜 12）。問題形式を変えることで、概念化が進みます。

基本パターンをアレンジしたり、新しいシーンについての問題に取り組んでいきます。「だから」「でも」の接続詞の使い方を学びます（48 〜 63 ページ）。

○パターンの拡大

　21 の基本パターンに対して、複数の答えが書けることを目標とした問題を追加しています（中級 1〜4）。

　1 対 1 対応の思考パターンが強い自閉症児は、1 つのパターンだけではそのワンパターンに陥りやすく、それが強固なこだわりになることもあります。ワンパターンの思考を少し柔軟にしていくこともねらいの 1 つです。また「どう

して赤信号で止まるのですか」など、基本パターン以外の新しい問題にもチャレンジしていきましょう。

○接続詞の使用

　接続詞の学習は、順接と逆接の区別が重要です。順接からはじめて逆接を教えていきます。

　「だから＝〜する（順接＝肯定型）」「でも＝〜しない（逆接＝否定形）」というわかりやすいパターンからはじめます（中級5）。

　順接、逆接の問題が解けるようになったら、文章を読み取って接続詞を選ぶことができるようにしていきます（例：のどがかわきました。でも、家までがまんします）。

　順接・逆接の接続詞を用いて、さまざまな因果関係の問題に答えていきましょう（中級6〜8）。1つの原因に対して、結果が1つしかないわけではないことを学んでいきます。

発展編

因果関係と理由の説明に関する、より発展的な問題に取り組んでいきます（64〜99ページ）

○3つの関係性を理解する思考力を育てる

　3つの関係性というのは、たとえば、【手がきたない→だから手をあらう→すると手がきれいになる】というように「AだからB。するとC」あるいは「AだからB。けれどC」という連続する関係性です。関係性を整理して考える思考パターンを育てていきます。

　さまざまなパターンの出題に対応することで「原因と結果」の理解が進み、固定したパターン認識から脱却することができます。事柄の関係性を言語化することで、自らの行動を選択し、衝動や欲求をコントロールすることにもつなげてゆきます。

も　く　じ

3 発展編

1 基本編

基本1　A だから（B）

※絵を見て文を作りましょう。

① 雨がふってきました。　　だから（　　　　　　　　　　　）

② おなかがすきました。　　だから（　　　　　　　　　　　）

③ 手がよごれました。　　　だから（　　　　　　　　　　　）

8

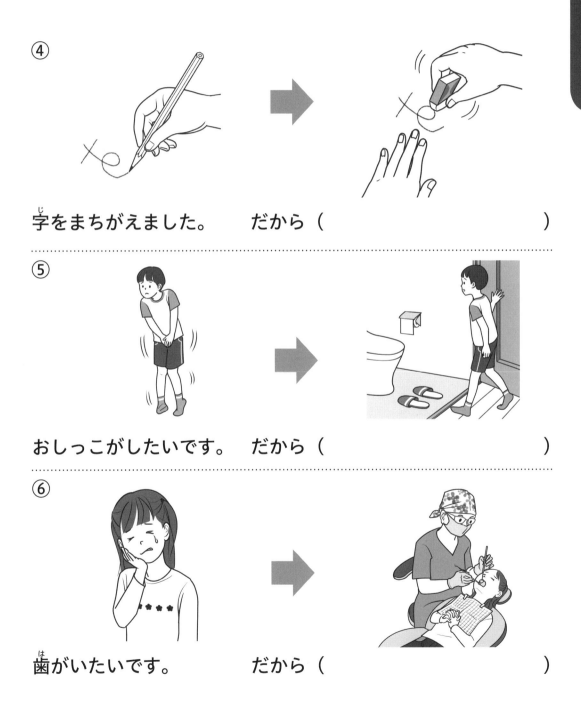

④

字をまちがえました。　　　だから（　　　　　　　　　）

⑤

おしっこがしたいです。　　だから（　　　　　　　　　）

⑥

歯がいたいです。　　　　　だから（　　　　　　　　　）

✽絵を見て文を作りましょう。

⑦

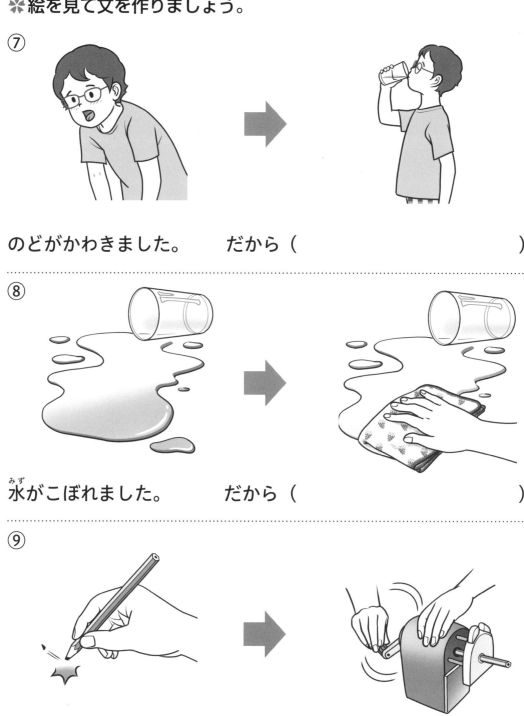

のどがかわきました。　　だから（　　　　　　　　　　）

⑧

水がこぼれました。　　だから（　　　　　　　　　　）

⑨

えんぴつがおれました。　だから（　　　　　　　　　　）

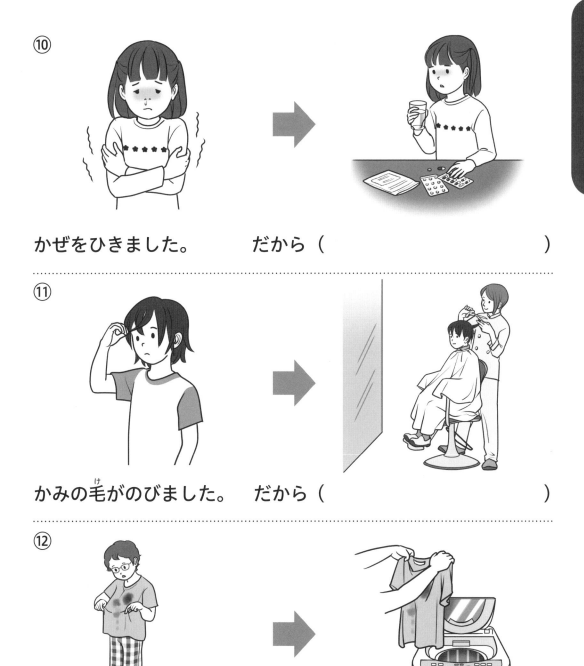

⑩ かぜをひきました。　　だから（　　　　　　　　　　）

⑪ かみの毛がのびました。　だから（　　　　　　　　　　）

⑫ ふくがよごれました。　　だから（　　　　　　　　　　）

✲絵を見て文を作りましょう。

⑬

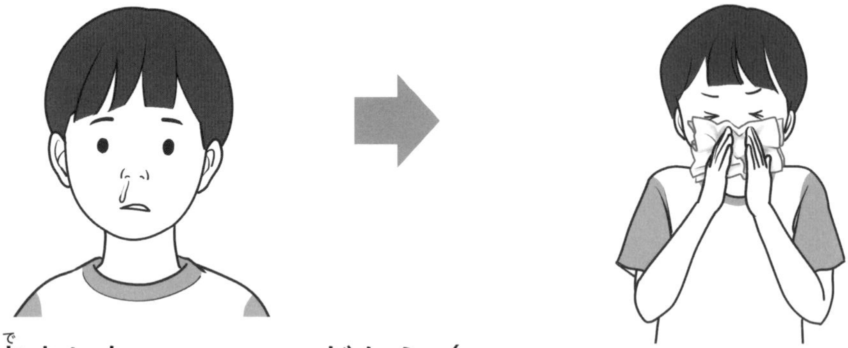

鼻水が出ました。　　　だから（　　　　　　　　　　　　　）

⑭

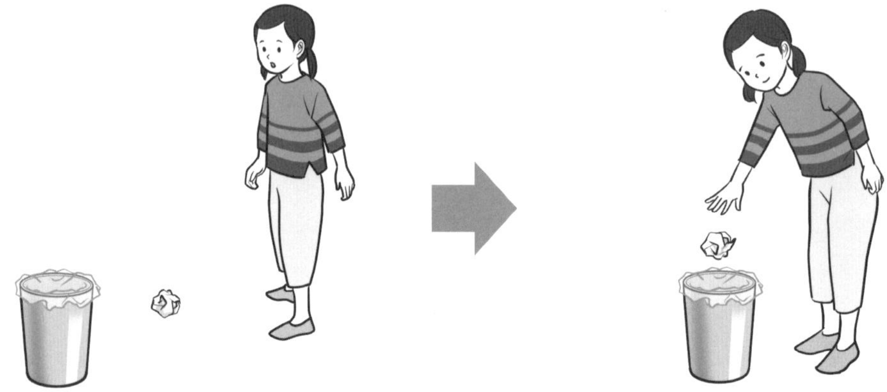

ごみが落ちています。　だから（　　　　　　　　　　　　　）

⑮

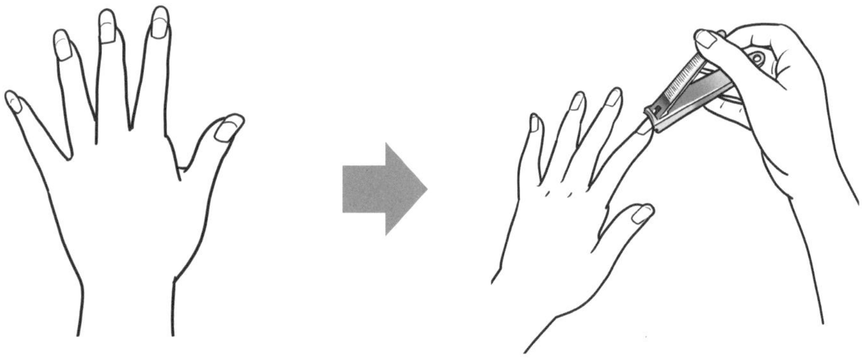

つめがのびました。　　だから（　　　　　　　　　　　　　）

⑯

あせをかきました。　　　だから（　　　　　　　　　　）

⑰

けがをしました。　　　　だから（　　　　　　　　　　）

⑱

くらくなりました。　　　だから（　　　　　　　　　　）

1　基本編

Aだから（B）　　　13

✻絵を見て文を作りましょう。

⑲
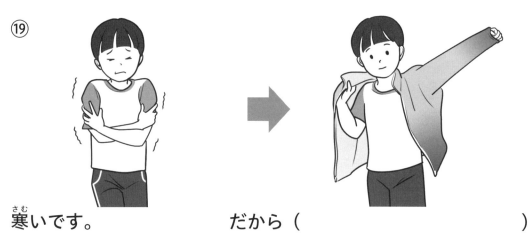

寒いです。　　　　　　　　だから（　　　　　　　　　　　）

⑳
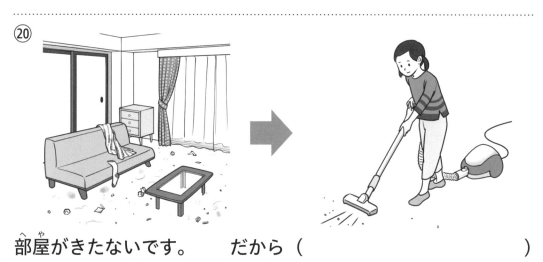

部屋がきたないです。　　　だから（　　　　　　　　　　　）

㉑
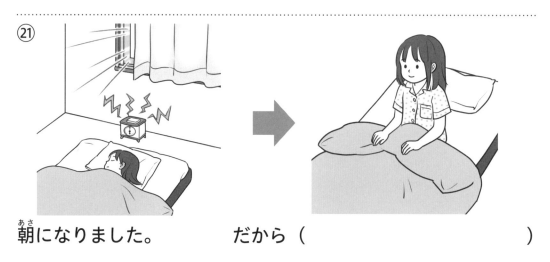

朝になりました。　　　　　だから（　　　　　　　　　　　）

基本2　絵と絵の線つなぎ

❋合（あ）っている絵（え）を線（せん）で結（むす）びましょう。

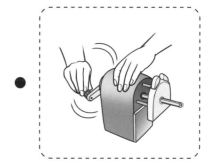

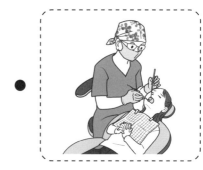

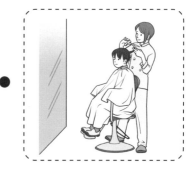

※合っている絵を線で結びましょう。

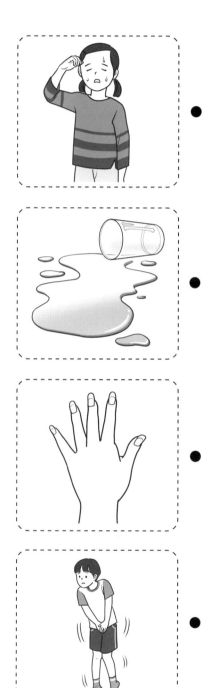

基本3　Aだから（B)

❉ （　　　　　）にあてはまる文を書きましょう。

①雨がふってきました。だから

（　　　　　　　　　　　　　　　　　　　　　　　　　　　　　）

②おなかがすきました。だから

（　　　　　　　　　　　　　　　　　　　　　　　　　　　　　）

③手がよごれました。だから

（　　　　　　　　　　　　　　　　　　　　　　　　　　　　　）

④字をまちがえました。だから

（　　　　　　　　　　　　　　　　　　　　　　　　　　　　　）

⑤おしっこがしたいです。だから

（　　　　　　　　　　　　　　　　　　　　　　　　　　　　　）

⑥歯がいたいです。だから

(   )

----

⑦のどがかわきました。だから

(   )

----

⑧水がこぼれました。だから

(   )

----

⑨えんぴつがおれました。だから

(   )

----

⑩かぜをひきました。だから

(   )

※　（　　　　　）にあてはまる文を書きましょう。

⑪かみの毛がのびました。だから

（　　　　　　　　　　　　　　　　　　　　　　　　）

⑫ふくがよごれました。だから

（　　　　　　　　　　　　　　　　　　　　　　　　）

⑬鼻水が出ました。だから

（　　　　　　　　　　　　　　　　　　　　　　　　）

⑭ごみが落ちています。だから

（　　　　　　　　　　　　　　　　　　　　　　　　）

⑮つめがのびました。だから

（　　　　　　　　　　　　　　　　　　　　　　　　）

⑯あせをかきました。だから

(　　　　　　　　　　　　　　　　　　　　　　　　)

---

⑰けがをしました。だから

(　　　　　　　　　　　　　　　　　　　　　　　　)

---

⑱くらくなりました。だから

(　　　　　　　　　　　　　　　　　　　　　　　　)

---

⑲寒いです。だから

(　　　　　　　　　　　　　　　　　　　　　　　　)

---

⑳部屋がきたないです。だから

(　　　　　　　　　　　　　　　　　　　　　　　　)

基本4　Ａだから（B）

✽　（　　　　　　）にあてはまる文を書きましょう。

①手がよごれたから

（　　　　　　　　　　　　　　　　　　　　　　　　　　　）

②おしっこがしたいから

（　　　　　　　　　　　　　　　　　　　　　　　　　　　）

③えんぴつがおれたから

（　　　　　　　　　　　　　　　　　　　　　　　　　　　）

④おなかがすいたから

（　　　　　　　　　　　　　　　　　　　　　　　　　　　）

⑤水がこぼれたから

（　　　　　　　　　　　　　　　　　　　　　　　　　　　）

⑥字をまちがえたから

(   )

----

⑦雨がふってきたから

(   )

----

⑧のどがかわいたから

(   )

----

⑨かぜをひいたから

(   )

----

⑩歯がいたいから

(   )

基本5　Aなので（B）

❋（　　　　　）にあてはまる文を書きましょう。

①鼻水が出たので

（　　　　　　　　　　　　　　　　　　　　　　　　　　　　）

②つめがのびたので

（　　　　　　　　　　　　　　　　　　　　　　　　　　　　）

③部屋がきたないので

（　　　　　　　　　　　　　　　　　　　　　　　　　　　　）

④寒いので

（　　　　　　　　　　　　　　　　　　　　　　　　　　　　）

⑤くらくなったので

（　　　　　　　　　　　　　　　　　　　　　　　　　　　　）

⑥ふくがよごれたので

(　　　　　　　　　　　　　　　　　　　　　)

⑦けがをしたので

(　　　　　　　　　　　　　　　　　　　　　)

⑧かみの毛_けがのびたので

(　　　　　　　　　　　　　　　　　　　　　)

⑨あせをかいたので

(　　　　　　　　　　　　　　　　　　　　　)

⑩ごみが落_おちているので

(　　　　　　　　　　　　　　　　　　　　　)

基本6 （A）だから B

※ （   ）にあてはまる文を書きましょう。

① （   ）

　　だから、かさをさします。

-----

② （   ）

　　だから、手をあらいます。

-----

③ （   ）

　　だから、トイレに行きます。

-----

④ （   ）

　　だから、けしごむで消します。

-----

⑤ （   ）

　　だから、歯医者に行きます。

⑥ (　　　　　　　　　　　　　　　　　　　)

だから、ふきんでふきます。

----

⑦ (　　　　　　　　　　　　　　　　　　　)

だから、薬を飲みます。

----

⑧ (　　　　　　　　　　　　　　　　　　　)

だから、えんぴつをけずります。

----

⑨ (　　　　　　　　　　　　　　　　　　　)

だから、お茶を飲みます。

----

⑩ (　　　　　　　　　　　　　　　　　　　)

だから、ごはんを食べます。

❋（　　　　　）にあてはまる文を書きましょう。

⑪（　　　　　　　　　　　　　　　　　　　　　　　）

だから、せんたくきであらいます。

⑫（　　　　　　　　　　　　　　　　　　　　　　　）

だから、美容室で切ります。

⑬（　　　　　　　　　　　　　　　　　　　　　　　）

だから、つめ切りで切ります。

⑭（　　　　　　　　　　　　　　　　　　　　　　　）

だから、鼻をかみます。

⑮（　　　　　　　　　　　　　　　　　　　　　　　）

だから、ばんそうこうをはります。

⑯ (　　　　　　　　　　　　　　　　　　　　)

だから、ごみばこにすてます。

---

⑰ (　　　　　　　　　　　　　　　　　　　　)

だから、電気_{でんき}をつけます。

---

⑱ (　　　　　　　　　　　　　　　　　　　　)

だから、タオルでふきます。

---

⑲ (　　　　　　　　　　　　　　　　　　　　)

だから、起_おきます。

---

⑳ (　　　　　　　　　　　　　　　　　　　　)

だから、そうじをします。

基本7　(A) だから (B)

※絵を見て文を作りましょう。

例

(雨がふってきました。) だから (かさをさします。)

①

(　　　　　　　　　) [ ] (　　　　　　　　　)

②

(　　　　　　　　　) [ ] (　　　　　　　　　)

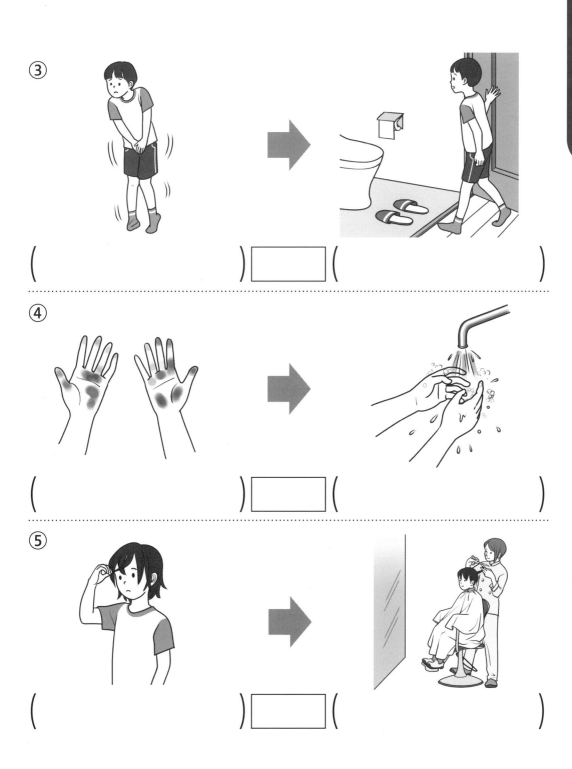

③ (　　　　　　　　) □ (　　　　　　　　　　　　　　　)

④ (　　　　　　　　) □ (　　　　　　　　　　　　　　　)

⑤ (　　　　　　　　) □ (　　　　　　　　　　　　　　　)

(A) だから (B)

✽絵を見て文を作りましょう。

⑥

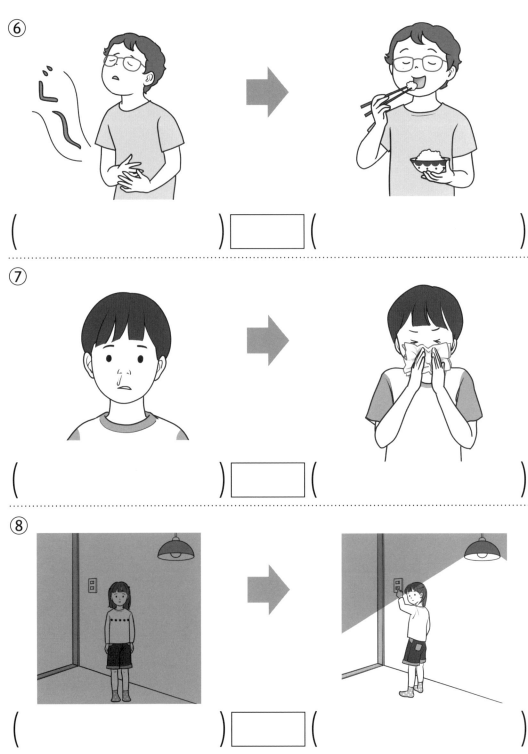

(   ) 　　　 (   )

⑦

(   ) 　　　 (   )

⑧

(   ) 　　　 (   )

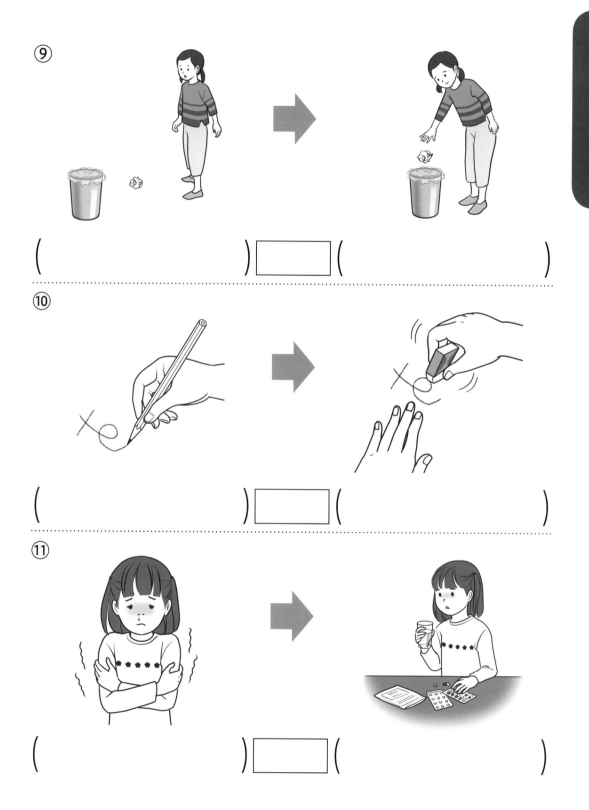

⑨

(　　　　　　　　　） ☐ （ 　　　　　　　　　 ）

⑩

(　　　　　　　　　） ☐ （ 　　　　　　　　　 ）

⑪

(　　　　　　　　　） ☐ （ 　　　　　　　　　 ）

(A) だから (B)　　33

❀絵を見て文を作りましょう。

⑫

(　　　　　　　　) ☐ (　　　　　　　　)

⑬

(　　　　　　　　) ☐ (　　　　　　　　)

⑭

(　　　　　　　　) ☐ (　　　　　　　　)

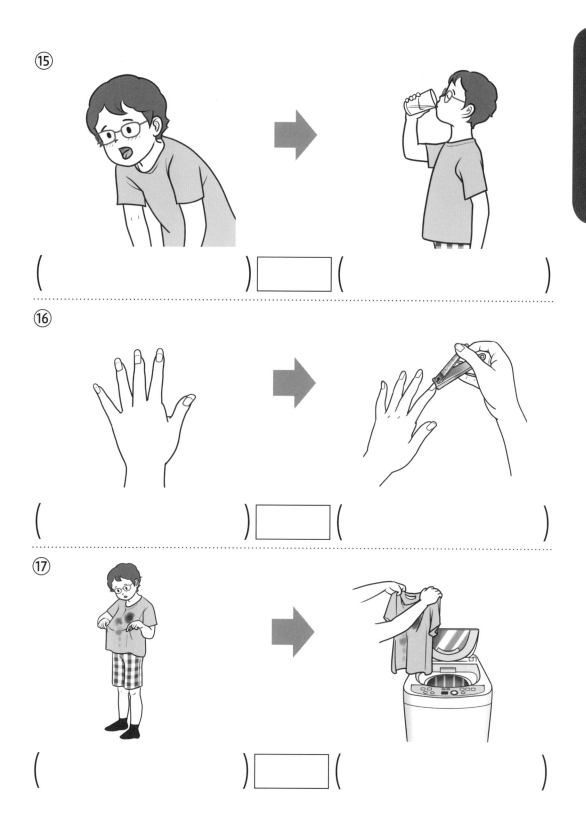

⑮

(   ) ☐ (   )

⑯

(   ) ☐ (   )

⑰

(   ) ☐ (   )

(A) だから (B)

基本８　どうして○○○？

✼質問（しつもん）に答（こた）えましょう。

①どうしてえんぴつをけずるのですか。

（　　　　　　　　　　　　　　　　　　　　　　）

②どうしてごはんを食（た）べるのですか。

（　　　　　　　　　　　　　　　　　　　　　　）

③どうしてけしごむで消（け）すのですか。

（　　　　　　　　　　　　　　　　　　　　　　）

④どうして手（て）をあらうのですか。

（　　　　　　　　　　　　　　　　　　　　　　）

⑤どうしてふきんでふくのですか。

（　　　　　　　　　　　　　　　　　　　　　　）

⑥どうして歯医者に行くのですか。

( )

⑦どうしてかさをさすのですか。

( )

⑧どうしてお茶を飲むのですか。

( )

⑨どうしてトイレに行くのですか。

( )

⑩どうして薬を飲むのですか。

( )

❋質問に答えましょう。

⑪どうして鼻をかむのですか。

(   )

⑫どうしてごみばこにすてるのですか。

(   )

⑬どうしてタオルでふくのですか。

(   )

⑭どうして起きるのですか。

(   )

⑮どうして上着を着るのですか。

(   )

⑯どうしてつめを切るのですか。

(　　　　　　　　　　　　　　　　　　　　　　　)

----

⑰どうして電気をつけるのですか。

(　　　　　　　　　　　　　　　　　　　　　　　)

----

⑱どうしてせんたくきであらうのですか。

(　　　　　　　　　　　　　　　　　　　　　　　)

----

⑲どうしてそうじをするのですか。

(　　　　　　　　　　　　　　　　　　　　　　　)

----

⑳どうしてばんそうこうをはるのですか。

(　　　　　　　　　　　　　　　　　　　　　　　)

基本9　文と文の線つなぎ

❀合っているものを線でつなぎましょう。

えんぴつがおれました　●　　　　　　　● 歯医者に行きます

歯がいたいです　●　　　　　　　● えんぴつをけずります

おしっこがしたいです　●　　　　　　　● トイレに行きます

- -

手がよごれました　●　　　　　　　● けしごむで消します

のどがかわきました　●　　　　　　　● 手をあらいます

字をまちがえました　●　　　　　　　● お茶を飲みます

- -

水がこぼれました　●　　　　　　　● かさをさします

雨がふってきました　●　　　　　　　● 薬を飲みます

かぜをひきました　●　　　　　　　● ふきんでふきます

- -

おなかがすきました　●　　　　　　　● せんたくきであらいます

ふくがよごれました　●　　　　　　　● ごはんを食べます

けがをしました　●　　　　　　　● ばんそうこうをはります

ごみが落ちています　●　　　●　ごみばこにすてます

鼻水が出ました　●　　　●　美容室で切ります

かみの毛がのびました　●　　　●　鼻をかみます

- -

つめがのびました　●　　　●　上着を着ます

くらくなりました　●　　　●　つめ切りで切ります

寒いです　●　　　●　電気をつけます

- -

ふくがよごれました　●　　　●　タオルでふきます

あせをかきました　●　　　●　ばんそうこうをはります

けがをしました　●　　　●　せんたくきであらいます

- -

部屋がきたないです　●　　　●　薬を飲みます

字をまちがえました　●　　　●　そうじをします

かぜをひきました　●　　　●　けしごむで消します

✳正しいほうに〇をつけましょう。

①おなかがすきました
　ごはんを食べます　　　（　　　）
　タオルでふきます　　　（　　　）

②字をまちがえました
　かさをさします　　　　（　　　）
　けしごむで消します　　（　　　）

③くらくなりました
　手をあらいます　　　　（　　　）
　電気をつけます　　　　（　　　）

④かみの毛が
　のびました
　美容室で切ります　　　（　　　）
　歯医者に行きます　　　（　　　）

⑤けがをしました
　ばんそうこうをはります（　　　）
　上着を着ます　　　　　（　　　）

⑥歯がいたいです

- 公園に行きます （　　　）
- 学校に行きます （　　　）
- 歯医者に行きます （　　　）

⑦おしっこがしたいです

- 外であそびます （　　　）
- おかしを食べます （　　　）
- トイレに行きます （　　　）

⑧寒いです

- 半そでを着ます （　　　）
- 上着を着ます （　　　）
- かさをさします （　　　）

⑨おなかがすきました

- ごはんを食べます （　　　）
- トイレに行きます （　　　）
- 顔をあらいます （　　　）

⑩ふくがよごれました

- お茶を飲みます （　　　）
- せんたくきであらいます （　　　）
- そうじをします （　　　）

✳︎正しいものに〇、まちがっているものに×をつけましょう。

①ふくが
　よごれました
- 歯医者に行きます　　　（　　　　）
- せんたくきであらいます（　　　　）
- 薬を飲みます　　　　　（　　　　）

②のどが
　かわきました
- お茶を飲みます　　　　（　　　　）
- ふきんでふきます　　　（　　　　）
- ごみばこにすてます　　（　　　　）

③部屋が
　きたないです
- 電気をつけます　　　　（　　　　）
- そうじをします　　　　（　　　　）
- トイレに行きます　　　（　　　　）

④つめが
　のびています
- 鼻をかみます　　　　　（　　　　）
- 手をあらいます　　　　（　　　　）
- つめ切りで切ります　　（　　　　）

⑤けがをしました
- ごはんを食べます　　　（　　　　）
- 美容室で切ります　　　（　　　　）
- ばんそうこうをはります（　　　　）

⑥くらくなりました

- 電気をつけます （　　　）
- かさをさします （　　　）
- けしごむで消します （　　　）

- -

⑦手が
よごれました

- ばんそうこうをはります （　　　）
- 手をあらいます （　　　）
- ごはんを食べます （　　　）

- -

⑧えんぴつが
おれました

- タオルでふきます （　　　）
- 鼻をかみます （　　　）
- えんぴつをけずります （　　　）

- -

⑨かぜを
ひきました

- そうじをします （　　　）
- 薬を飲みます （　　　）
- ふきんでふきます （　　　）

- -

⑩ごみが落ちて
います

- トイレに行きます （　　　）
- お茶を飲みます （　　　）
- ごみばこにすてます （　　　）

基本12 ○×つけ②

✳️正しいものに○、まちがっているものに×をつけましょう。

①どうしてトイレに
行くのですか
- えんぴつがおれたからです （　　　　）
- おしっこがしたいからです （　　　　）
- けがをしたからです　　　 （　　　　）

②どうして歯医者に
行くのですか
- 歯がいたいからです　　 （　　　　）
- 部屋がきたないからです（　　　　）
- おなかがすいたからです（　　　　）

③どうしてふきんで
ふくのですか
- くらくなったからです（　　　　）
- 水がこぼれたからです　（　　　　）
- 字をまちがえたからです（　　　　）

④どうして鼻を
かむのですか
- かみの毛がのびたからです（　　　　）
- のどがかわいたからです（　　　　）
- 鼻水が出たからです　　 （　　　　）

⑤どうして起きるの
ですか
- 朝になったからです　　 （　　　　）
- 手がよごれたからです（　　　　）
- あせをかいたからです （　　　　）

46

⑥どうしてかさを　　　　── のどがかわいたからです（　　　　）
　さすのですか　　　　　── 雨<ruby>雨<rt>あめ</rt></ruby>がふったからです　　（　　　　）
　　　　　　　　　　　　└─ かぜをひいたからです　（　　　　）

⑦どうして<ruby>上着<rt>うわぎ</rt></ruby>を　── おなかがすいたからです（　　　　）
　<ruby>着<rt>き</rt></ruby>るのですか　　　── くらいからです　　　　（　　　　）
　　　　　　　　　　　└─ <ruby>寒<rt>さむ</rt></ruby>いからです　　　　（　　　　）

⑧どうして<ruby>美容室<rt>びようしつ</rt></ruby>で ── おなかがすいたからです（　　　　）
　<ruby>切<rt>き</rt></ruby>るのですか　　　── つめがのびたからです（　　　　）
　　　　　　　　　　　└─ かみの<ruby>毛<rt>け</rt></ruby>がのびた　（　　　　）
　　　　　　　　　　　　　からです

⑨どうしてけしごむ　── <ruby>字<rt>じ</rt></ruby>をまちがえたからです（　　　　）
　で<ruby>消<rt>け</rt></ruby>すのですか　── あせをかいたからです（　　　　）
　　　　　　　　　　└─ <ruby>部屋<rt>へや</rt></ruby>がきたないからです（　　　　）

⑩どうしてごはんを　── <ruby>鼻水<rt>はなみず</rt></ruby>が<ruby>出<rt>で</rt></ruby>たからです　（　　　　）
　<ruby>食<rt>た</rt></ruby>べるのですか　── のどがかわいたからです（　　　　）
　　　　　　　　　　└─ おなかがすいたからです（　　　　）

2 中級編

中級1　Ａ だから（Ｂ）（複数回答）

❋（　　　　　）にあてはまる文を２つずつ書きましょう。

①雨がふってきました。

だから
- （　　　　　　　　　　　　　　　　　　　　）
- （　　　　　　　　　　　　　　　　　　　　）

②手がよごれました。

だから
- （　　　　　　　　　　　　　　　　　　　　）
- （　　　　　　　　　　　　　　　　　　　　）

③かぜをひきました。

だから
- （　　　　　　　　　　　　　　　　　　　　）
- （　　　　　　　　　　　　　　　　　　　　）

④あせをかきました。

だから
- （　　　　　　　　　　　　　　　　　　　　）
- （　　　　　　　　　　　　　　　　　　　　）

⑤けがをしました。

だから
- （　　　　　　　　　　　　　　　　　　　　）
- （　　　　　　　　　　　　　　　　　　　　）

⑥寒いです。

だから
（　　　　　　　　　　　　　　　　　　　　　　　）
（　　　　　　　　　　　　　　　　　　　　　　　）

⑦部屋がきたないです。

だから
（　　　　　　　　　　　　　　　　　　　　　　　）
（　　　　　　　　　　　　　　　　　　　　　　　）

⑧ふくがよごれました。

だから
（　　　　　　　　　　　　　　　　　　　　　　　）
（　　　　　　　　　　　　　　　　　　　　　　　）

⑨朝になりました。

だから
（　　　　　　　　　　　　　　　　　　　　　　　）
（　　　　　　　　　　　　　　　　　　　　　　　）

⑩おなかがすきました。

だから
（　　　　　　　　　　　　　　　　　　　　　　　）
（　　　　　　　　　　　　　　　　　　　　　　　）

中級2　どうして○○○？（複数回答）

✽　（　　　　　　　）にあてはまる文を２つずつ書きましょう。

①どうして上着を着るのですか。

（　　　　　　　　　　　　　　　　　　　　　　　　　　　）
（　　　　　　　　　　　　　　　　　　　　　　　　　　　）

----

②どうしてトイレに行くのですか。

（　　　　　　　　　　　　　　　　　　　　　　　　　　　）
（　　　　　　　　　　　　　　　　　　　　　　　　　　　）

----

③どうしてえんぴつをけずるのですか。

（　　　　　　　　　　　　　　　　　　　　　　　　　　　）
（　　　　　　　　　　　　　　　　　　　　　　　　　　　）

----

④どうしてタオルでふくのですか。

（　　　　　　　　　　　　　　　　　　　　　　　　　　　）
（　　　　　　　　　　　　　　　　　　　　　　　　　　　）

----

⑤どうして電気をつけるのですか。

（　　　　　　　　　　　　　　　　　　　　　　　　　　　）
（　　　　　　　　　　　　　　　　　　　　　　　　　　　）

⑥どうしてお茶を飲むのですか。

(　　　　　　　　　　　　　　　　　　　　　　　)
(　　　　　　　　　　　　　　　　　　　　　　　)

⑦どうしてそうじをするのですか。

(　　　　　　　　　　　　　　　　　　　　　　　)
(　　　　　　　　　　　　　　　　　　　　　　　)

⑧どうして歯医者に行くのですか。

(　　　　　　　　　　　　　　　　　　　　　　　)
(　　　　　　　　　　　　　　　　　　　　　　　)

⑨どうして手をあらうのですか。

(　　　　　　　　　　　　　　　　　　　　　　　)
(　　　　　　　　　　　　　　　　　　　　　　　)

⑩どうしてばんそうこうをはるのですか。

(　　　　　　　　　　　　　　　　　　　　　　　)
(　　　　　　　　　　　　　　　　　　　　　　　)

中級3　Aだから（B)

❋（　　　　　）にあてはまる文を書きましょう。

①手をあらいました。

　だから（　　　　　　　　　　　　　　　　　　　　）

- -

②外に出かけます。

　だから（　　　　　　　　　　　　　　　　　　　　）

- -

③部屋が暑いです。

　だから（　　　　　　　　　　　　　　　　　　　　）

- -

④かみの毛が雨でぬれました。

　だから（　　　　　　　　　　　　　　　　　　　　）

- -

⑤雨がやみました。

　だから（　　　　　　　　　　　　　　　　　　　　）

- -

⑥プールに入ります。

　だから（　　　　　　　　　　　　　　　　　　　　）

- -

⑦ねむくなりました。

　だから（　　　　　　　　　　　　　　　　　　　　）

- -

⑧テーブルからおはしが落ちました。

　だから（　　　　　　　　　　　　　　　　　　　　）

⑨目がかゆいです。

だから（ 　　　　　　　　　　　　　　　　　　　　 ）

⑩かみの毛がボサボサです。

だから（ 　　　　　　　　　　　　　　　　　　　　 ）

⑪花がかれそうです。

だから（ 　　　　　　　　　　　　　　　　　　　　 ）

⑫のどがいたいです。

だから（ 　　　　　　　　　　　　　　　　　　　　 ）

⑬名前をよばれました。

だから（ 　　　　　　　　　　　　　　　　　　　　 ）

⑭横だん歩道で信号が赤になっています。

だから（ 　　　　　　　　　　　　　　　　　　　　 ）

⑮家の前に雪がつもりました。

だから（ 　　　　　　　　　　　　　　　　　　　　 ）

⑯人にぶつかりました。

だから（ 　　　　　　　　　　　　　　　　　　　　 ）

中級4　どうして〇〇〇？

✻ （　　　　　　　）にあてはまる文を書きましょう。

①どうしてうがいをするのですか。

（　　　　　　　　　　　　　　　　　　　　　　　　　　　　　　）

----

②どうしてかさを閉じるのですか。

（　　　　　　　　　　　　　　　　　　　　　　　　　　　　　　）

----

③どうしてせんぷうきをつけるのですか。

（　　　　　　　　　　　　　　　　　　　　　　　　　　　　　　）

----

④どうしてふとんに入るのですか。

（　　　　　　　　　　　　　　　　　　　　　　　　　　　　　　）

----

⑤どうしてくつをはくのですか。

（　　　　　　　　　　　　　　　　　　　　　　　　　　　　　　）

----

⑥どうして水着を着るのですか。

（　　　　　　　　　　　　　　　　　　　　　　　　　　　　　　）

----

⑦どうしてドライヤーをかけるのですか。

（　　　　　　　　　　　　　　　　　　　　　　　　　　　　　　）

----

⑧どうして雪かきをするのですか。

（　　　　　　　　　　　　　　　　　　　　　　　　　　　　　　）

⑨どうして歯をみがくのですか。

(   )

- -

⑩どうして手をふくのですか。

(   )

- -

⑪どうして赤信号で止まるのですか。

(   )

- -

⑫どうして目ぐすりをさすのですか。

(   )

- -

⑬どうして返事をするのですか。

(   )

- -

⑭どうして花に水をあげるのですか。

(   )

- -

⑮どうしてはしをひろうのですか。

(   )

- -

⑯どうしてストーブをつけるのですか。

(   )

❈ （　　　　　）にあてはまる文を書きましょう。

例

雨がふって　　　だから（　　　　かさをさします。　　　）
きました。　　　でも　（　　　　かさをさしません。　　）

①おなかが　　　だから（　　　　　　　　　　　　　　）
　すきました。　　でも　（　　　　　　　　　　　　　　）

②のどが　　　　だから（　　　　　　　　　　　　　　）
　かわきました。　でも　（　　　　　　　　　　　　　　）

③あせを　　　　だから（　　　　　　　　　　　　　　）
　かきました。　　でも　（　　　　　　　　　　　　　　）

④寒くなりました。　だから（　　　　　　　　　　　　　　）
　　　　　　　　　　でも　（　　　　　　　　　　　　　　）

⑤テレビが
　見たいです。
　でも　（　　　　　　　　　　　　　　）
　だから（　　　　　　　　　　　　　　）

⑥なわとびの
　練習をしました。
　だから（　　　　　　　　　　　　　　）
　でも　（　　　　　　　　　　　　　　）

⑦明日は
　プールの日です。
　でも　（　　　　　　　　　　　　　　）
　だから（　　　　　　　　　　　　　　）

⑧バスていに
　つきました。
　でも　（　　　　　　　　　　　　　　）
　だから（　　　　　　　　　　　　　　）

⑨今日は
　晴れています。
　だから（　　　　　　　　　　　　　　）
　でも　（　　　　　　　　　　　　　　）

中級6　だから／でも②

✻ （　　　　　）にあてはまる文を書きましょう。

①手をあらいました。だから

（　　　　　　　　　　　　　　　　　　　　　　　　　　）

----

②外に行きます。でも

（　　　　　　　　　　　　　　　　　　　　　　　　　　）

----

③ねむくなりました。でも

（　　　　　　　　　　　　　　　　　　　　　　　　　　）

----

④信号が赤になりました。だから

（　　　　　　　　　　　　　　　　　　　　　　　　　　）

----

⑤雨の日にかさをさしませんでした。だから

（　　　　　　　　　　　　　　　　　　　　　　　　　　）

----

⑥時計が止まりました。でも

（　　　　　　　　　　　　　　　　　　　　　　　　　　）

----

⑦ガラスのコップを落としました。だから

（　　　　　　　　　　　　　　　　　　　　　　　　　　）

----

⑧目がかゆくなりました。でも

（　　　　　　　　　　　　　　　　　　　　　　　　　　）

⑨かぜをひきました。でも

(　　　　　　　　　　　　　　　　　　　　　　　　　　　　　　　)

⑩雨がふってきました。だから

(　　　　　　　　　　　　　　　　　　　　　　　　　　　　　　　)

⑪寒くなってきました。だから

(　　　　　　　　　　　　　　　　　　　　　　　　　　　　　　　)

⑫信号が青になりました。でも

(　　　　　　　　　　　　　　　　　　　　　　　　　　　　　　　)

⑬パンを買いにきました。でも

(　　　　　　　　　　　　　　　　　　　　　　　　　　　　　　　)

⑭花に水をあげました。だから

(　　　　　　　　　　　　　　　　　　　　　　　　　　　　　　　)

⑮茶わんをゆかに落としました。でも

(　　　　　　　　　　　　　　　　　　　　　　　　　　　　　　　)

⑯テレビが見たいです。だから

(　　　　　　　　　　　　　　　　　　　　　　　　　　　　　　　)

中級7　だから／でも③

❊　（　　　　　）にあてはまる文を書きましょう。

> **例**　(手をあらいました。　　　　　　　　　　　　) だから、
> 手をふきます。

① （　　　　　　　　　　　　　　　　　　　　） だから、
くつをはきます。

② （　　　　　　　　　　　　　　　　　　　　） でも、
今日は病院がお休みです。

③ （　　　　　　　　　　　　　　　　　　　　） だから、
かさをさします。

④ （　　　　　　　　　　　　　　　　　　　　） でも、
返事がありません。

⑤ （　　　　　　　　　　　　　　　　　　　　） でも、
ストーブがこわれています。

⑥ （　　　　　　　　　　　　　　　　　　　　） だから、
コップがわれました。

⑦ （　　　　　　　　　　　　　　　　　　　　） でも、
花がかれてしまいました。

⑧　（　　　　　　　　　　　　　　　　　　　）だから、

　　ふとんに入ります。

- -

⑨　（　　　　　　　　　　　　　　　　　　　）でも、

　　かさがありません。

- -

⑩　（　　　　　　　　　　　　　　　　　　　）でも、

　　休み時間になってからトイレに行きます。

- -

⑪　（　　　　　　　　　　　　　　　　　　　）だから、

　　せんぷうきをつけました。

- -

⑫　（　　　　　　　　　　　　　　　　　　　）でも、

　　さいふをわすれました。

- -

⑬　（　　　　　　　　　　　　　　　　　　　）だから、

　　電池をかえます。

- -

⑭　（　　　　　　　　　　　　　　　　　　　）だから、

　　うがいをします。

- -

⑮　（　　　　　　　　　　　　　　　　　　　）でも、

　　まだねむいです。

中級8　だから／でも④

※ 「だから」「でも」を使って文をつなげましょう。

例 かさをさします。　　雨がふってきました。

（　雨がふってきました。　だから、かさをさします。　）

---

①おしっこがしたいです。　　トイレに行きます。

（　　　　　　　　　　　　　　　　　　　　　　　　　　　）

---

②電気をつけます。　　くらくなりました。

（　　　　　　　　　　　　　　　　　　　　　　　　　　　）

---

③転びました。　　ひざから血が出ました。

（　　　　　　　　　　　　　　　　　　　　　　　　　　　）

---

④足がしびれました。　　せいざをしました。

（　　　　　　　　　　　　　　　　　　　　　　　　　　　）

---

⑤部屋が暑いです。　　せんぷうきをつけます。

（　　　　　　　　　　　　　　　　　　　　　　　　　　　）

---

⑥プールに入ります。　　水着を着ます。

（　　　　　　　　　　　　　　　　　　　　　　　　　　　）

---

⑦信号が青になりました。　　横だん歩道をわたります。

（　　　　　　　　　　　　　　　　　　　　　　　　　　　）

⑧雨がふってきました。　　　かさがありません。

(　　　　　　　　　　　　　　　　　　　　　　　　　　　)

⑨返事がありません。　　　名前をよびました。

(　　　　　　　　　　　　　　　　　　　　　　　　　　　)

⑩寒くなりました。　　　ストーブがこわれています。

(　　　　　　　　　　　　　　　　　　　　　　　　　　　)

⑪かぜをひきました。　　　今日は病院が休みです。

(　　　　　　　　　　　　　　　　　　　　　　　　　　　)

⑫まだねむいです。　　　めざまし時計がなりました。

(　　　　　　　　　　　　　　　　　　　　　　　　　　　)

⑬花に水をあげました。　　　かれてしまいました。

(　　　　　　　　　　　　　　　　　　　　　　　　　　　)

⑭売り切れていました。　　　パンを買いにきました。

(　　　　　　　　　　　　　　　　　　　　　　　　　　　)

⑮ゲームがしたいです。　　　宿題が終わっていません。

(　　　　　　　　　　　　　　　　　　　　　　　　　　　)

3 発展編

発展1　3つの関係①

（　　　　　）にあてはまる文を書きましょう。

①雨がふりました。

　だから　　⬇

（　　　　　　　　　　　　　　）

　すると　　⬇

（　　　　　　　　　　　　　　）

②雨がふりました。

　だから　　⬇

（　　　　　　　　　　　　　　　）

　でも　　⬇

（　　　　　　　　　　　　　　　）

③おなかがすきました。

　だから　　⬇

（　　　　　　　　　　　　　　）

　すると　　⬇

（　　　　　　　　　　　　　　）

④おなかがすきました。

　だから　　⬇

（　　　　　　　　　　　　　　　）

　でも　　⬇

（　　　　　　　　　　　　　　　）

⑤くらくなりました。

　だから　　⬇

（　　　　　　　　　　　　　　）

　すると　　⬇

（　　　　　　　　　　　　　　）

⑥歯がいたいです。

　だから　　⬇

（　　　　　　　　　　　　　　　）

　でも　　⬇

（　　　　　　　　　　　　　　　）

⑦花がかれそうです。

　だから　　⬇

（　　　　　　　　　　　　　　）

　すると　　⬇

（　　　　　　　　　　　　　　）

⑧電車がきました。

　だから　　⬇

（　　　　　　　　　　　　　　　）

　でも　　⬇

（　　　　　　　　　　　　　　　）

⑨もうすぐ運動会です。

　　だから　　➡

（　　　　　　　　　　　　）

　　すると　　➡

（　　　　　　　　　　　　）

⑩今日は遠足です。

　　だから　　➡

（　　　　　　　　　　　　　　）

　　でも　　➡

（　　　　　　　　　　　　　　）

⑪つめがのびています。

　　だから　　➡

（　　　　　　　　　　　　）

　　すると　　➡

（　　　　　　　　　　　　）

⑫朝になりました。

　　だから　　➡

（　　　　　　　　　　　　　　）

　　でも　　➡

（　　　　　　　　　　　　　　）

⑬手がよごれました。

　　だから　　➡

（　　　　　　　　　　　　）

　　すると　　➡

（　　　　　　　　　　　　）

⑭遠足のおやつを買います。

　　だから　　➡

（　　　　　　　　　　　　　　）

　　でも　　➡

（　　　　　　　　　　　　　　）

⑮にがてなおかずがあります。

　　だから　　➡

（　　　　　　　　　　　　）

　　すると　　➡

（　　　　　　　　　　　　）

⑯好きなアニメの時間です。

　　だから　　➡

（　　　　　　　　　　　　　　）

　　でも　　➡

（　　　　　　　　　　　　　　）

3

発展編

✽（　　　　　）にあてはまる文を書きましょう。

①のどがかわきました。

　　でも　　　　⬇
（　　　　　　　　　　　　　　）

　　だから　　　⬇
（　　　　　　　　　　　　　　）

②のどがかわきました。

　　だから　　　⬇
（　　　　　　　　　　　　　　）

　　でも　　　　⬇
（　　　　　　　　　　　　　　）

③漢字のテストがあります。

　　でも　　　　⬇
（　　　　　　　　　　　　　　）

　　だから　　　⬇
（　　　　　　　　　　　　　　）

④漢字のテストがあります。

　　だから　　　⬇
（　　　　　　　　　　　　　　）

　　でも　　　　⬇
（　　　　　　　　　　　　　　）

⑤自転車がパンクしました。

　　でも　　　　⬇
（　　　　　　　　　　　　　　）

　　だから　　　⬇
（　　　　　　　　　　　　　　）

⑥電話がなりました。

　　だから　　　⬇
（　　　　　　　　　　　　　　）

　　でも　　　　⬇
（　　　　　　　　　　　　　　）

⑦宿題がおわっていません。

　　でも　　　　⬇
（　　　　　　　　　　　　　　）

　　だから　　　⬇
（　　　　　　　　　　　　　　）

⑧わからない漢字があります。

　　だから　　　⬇
（　　　　　　　　　　　　　　）

　　でも　　　　⬇
（　　　　　　　　　　　　　　）

⑨サンドイッチを作^{つく}ります。

　でも　　　⬇

（　　　　　　　　　　）

　だから　　⬇

（　　　　　　　　　　）

⑩目覚^{めざ}まし時計^{どけい}をかけました。

　だから　　⬇

（　　　　　　　　　　）

　でも　　　⬇

（　　　　　　　　　　）

⑪動物園^{どうぶつえん}にきました。

　でも　　　⬇

（　　　　　　　　　　）

　だから　　⬇

（　　　　　　　　　　）

⑫電車^{でんしゃ}が遅^{おく}れています。

　だから　　⬇

（　　　　　　　　　　）

　でも　　　⬇

（　　　　　　　　　　）

⑬アイスを買^かいました。

　でも　　　⬇

（　　　　　　　　　　）

　だから　　⬇

（　　　　　　　　　　）

⑭雪^{ゆき}がふりました。

　だから　　⬇

（　　　　　　　　　　）

　でも　　　⬇

（　　　　　　　　　　）

⑮ほしい本^{ほん}があります。

　でも　　　⬇

（　　　　　　　　　　）

　だから　　⬇

（　　　　　　　　　　）

⑯お正月^{しょうがつ}に旅行^{りょこう}に行^いきたいです。

　だから　　⬇

（　　　　　　　　　　）

　でも　　　⬇

（　　　　　　　　　　）

3 発展編

※正しいものには○、まちがっているものには×をつけましょう。

①コップがたおれて水がこぼれました。どうしますか。

ふきんを持ってきます。　　　　　　　　　　　　　　（　　　）

バケツを持ってきます。　　　　　　　　　　　　　　（　　　）

はさみを持ってきます。　　　　　　　　　　　　　　（　　　）

- -

②せんたく物をほしている時に雨がふってきました。どうしますか。

せんたく物を部屋にとりこみます。　　　　　　　　（　　　）

お母さんをよびに行きます。　　　　　　　　　　　（　　　）

雨が止むまでほしたままにします。　　　　　　　　（　　　）

- -

③ねぼうして、学校にちこくしそうです。どうしますか。

学校を休みます。　　　　　　　　　　　　　　　　（　　　）

「お母さんのせいだ」とおこります。　　　　　　　（　　　）

急いで、学校に行くじゅんびをします。　　　　　　（　　　）

- -

④学校に行くとちゅう、大きな水たまりがありました。
どうしますか。

水たまりをよけて歩きます。　　　　　　　　　　　（　　　）

長ぐつをとりに家に帰ります。　　　　　　　　　　（　　　）

水たまりで水遊びをします。　　　　　　　　　　　（　　　）

- -

⑤せんたく物が風でとんでしまいました。どうしますか。

他のものがとばないようにせんたくばさみでとめます。（　　　）

とんだまま、ほうっておきます。　　　　　　　　　（　　　）

せんたく物をひろいに行きます。　　　　　　　　　（　　　）

⑥花びんのお花がかれてしまいそうです。どうしますか。

花びんの水を入れかえます。 （ 　 ）

お花をすてます。 （ 　 ）

そのままにしておきます。 （ 　 ）

⑦テストで１問まちがえました。どうしますか。

先生にもんくを言います。 （ 　 ）

テストをすてます。 （ 　 ）

まちがえたところを直します。 （ 　 ）

⑧家のトイレのトイレットペーパーがなくなりました。どうしますか。

新しいトイレットペーパーをつけます。 （ 　 ）

お母さんに報告します。 （ 　 ）

「何でトイレットペーパーがないんだ」とおこります。 （ 　 ）

⑨駅でトイレに行きたくなったのに、トイレの場所がわかりません。
どうしますか。

家がすぐ近くなので、家までがまんします。 （ 　 ）

駅員さんに「トイレはどこですか？」と聞きます。 （ 　 ）

駅の中を走ってトイレを探します。 （ 　 ）

⑩宿題をわすれて、先生に注意されました。どうしますか。

「宿題をなくしてください」と先生にお願いします。 （ 　 ）

ねる前に宿題が終わっているかどうかかくにんします。 （ 　 ）

学校からかえったらすぐに宿題をするようにします。 （ 　 ）

3
発展編

○×つけ　　69

※（　　　　　）にあてはまる文を書きましょう。

①虫歯になったら、どうしますか。
（　　　　　　　　　　　　　　　　　　　　　　　　　　　　　　　）

②雪がふったら、どうしますか。
（　　　　　　　　　　　　　　　　　　　　　　　　　　　　　　　）

③道を歩いていて人にぶつかったら、どうしますか。
（　　　　　　　　　　　　　　　　　　　　　　　　　　　　　　　）

④学校の先生に名前をよばれたら、どうしますか。
（　　　　　　　　　　　　　　　　　　　　　　　　　　　　　　　）

⑤シャツにジュースをこぼしたら、どうしますか。
（　　　　　　　　　　　　　　　　　　　　　　　　　　　　　　　）

⑥横だん歩道で信号が赤になったら、どうしますか。
（　　　　　　　　　　　　　　　　　　　　　　　　　　　　　　　）

⑦駅の線路でかさをおとしたら、どうしますか。
（　　　　　　　　　　　　　　　　　　　　　　　　　　　　　　　）

⑧道にまよったら、どうしますか。
（　　　　　　　　　　　　　　　　　　　　　　　　　　　　　　　）

⑨本を読んでいて漢字が読めなかったら、どうしますか。
（　　　　　　　　　　　　　　　　　　　　　　　　　　　　　　　）

⑩スーパーでほしいおかしがなかったら、どうしますか。
（　　　　　　　　　　　　　　　　　　　　　　　　　　　　　　　）

⑪せいざをしていて足がしびれたら、どうしますか。

(　　　　　　　　　　　　　　　　　　　　　　　　　　　　)

⑫部屋を出る時、電気がついていたらどうしますか。

(　　　　　　　　　　　　　　　　　　　　　　　　　　　　)

⑬トイレットペーパーがなくなったら、どうしますか。

(　　　　　　　　　　　　　　　　　　　　　　　　　　　　)

⑭車の中で気分が悪くなったら、どうしますか。

(　　　　　　　　　　　　　　　　　　　　　　　　　　　　)

⑮家の前に落ち葉がたくさんあったら、どうしますか。

(　　　　　　　　　　　　　　　　　　　　　　　　　　　　)

⑯コップがわれたら、どうしますか。

(　　　　　　　　　　　　　　　　　　　　　　　　　　　　)

⑰学校に、えんぴつを持って行くのをわすれたら、どうしますか。

(　　　　　　　　　　　　　　　　　　　　　　　　　　　　)

⑱宿題をしていて、わからない問題があったら、どうしますか。

(　　　　　　　　　　　　　　　　　　　　　　　　　　　　)

⑲くつしたにあながあいたら、どうしますか。

(　　　　　　　　　　　　　　　　　　　　　　　　　　　　)

⑳電車でたくさんの人が乗ってきたら、どうしますか。

(　　　　　　　　　　　　　　　　　　　　　　　　　　　　)

3
発展編

こんなときどうしますか①　　71

発展5　こんなときどうしますか②

❋　（　　　　　　）にどうするか書きましょう。

①友だちのズボンにジュースをこぼしてしました。

（　　　　　　　　　　　　　　　　　　　　　　　　　　）

- -

②電車からおりて、駅のかいさつを出ようとしたら、きっぷがありません。

（　　　　　　　　　　　　　　　　　　　　　　　　　　）

- -

③スーパーに買い物にきたら、お金がありません。

（　　　　　　　　　　　　　　　　　　　　　　　　　　）

- -

④トイレの電球が切れて、電気がつきません。

（　　　　　　　　　　　　　　　　　　　　　　　　　　）

- -

⑤学校のかえり道で友だちが泣いています。

（　　　　　　　　　　　　　　　　　　　　　　　　　　）

- -

⑥マスクをつけていたら、鼻水がついてよごれました。

（　　　　　　　　　　　　　　　　　　　　　　　　　　）

- -

⑦台所の水道の水が出っぱなしになっています。

（　　　　　　　　　　　　　　　　　　　　　　　　　　）

- -

⑧おふろから出たら、バスタオルがありません。

（　　　　　　　　　　　　　　　　　　　　　　　　　　）

- -

⑨お母さんが、ほうちょうで指を切って、けがをしました。

（　　　　　　　　　　　　　　　　　　　　　　　　　　）

- -

⑩せんたく物をベランダでほしているとき、雨がふってきました。

（　　　　　　　　　　　　　　　　　　　　　　　　　　）

⑪駅のホームで電車を待っていたら、定期券を線路に落としてしまいました。

(   )

----

⑫お母さんが、かぜをひいてねています。

(   )

----

⑬お父さんが、おふろで「せっけんがないよ」と言っています。

(   )

----

⑭大雨がふってきました。まどがあいています。

(   )

----

⑮時計の電池が切れて、時計が止まっています。

(   )

----

⑯デパートでお母さんとはぐれてしまいました。

(   )

----

⑰手紙を書いていると、漢字をわすれてしまった言葉がありました。

(   )

----

⑱スーパーでお金をはらったら、おつりを100円多くもらいました。

(   )

----

⑲エレベーターに乗りました。人がたくさんいて、おりる階のボタン
　がおせません。

(   )

----

⑳ゲームをもっとやりたいけれど、もうおふろに入る時間です。

(   )

3 発展編

発展6　○○しないようにするためにどうしますか

※つぎの質問に答えましょう。

①虫歯にならないようにするためにどうしますか。

（　　　　　　　　　　　　　　　　　　　　　　　　　　　　　　　）

②かぜをひかないようにするためにどうしますか。

（　　　　　　　　　　　　　　　　　　　　　　　　　　　　　　　）

③目が悪くならないようにするためにどうしますか。

（　　　　　　　　　　　　　　　　　　　　　　　　　　　　　　　）

④きれいな字を書くためにどうしますか。

（　　　　　　　　　　　　　　　　　　　　　　　　　　　　　　　）

⑤ねぼうをしないようにするためにどうしますか。

（　　　　　　　　　　　　　　　　　　　　　　　　　　　　　　　）

⑥テストで答えをまちがえないようにするためにどうしますか。

（　　　　　　　　　　　　　　　　　　　　　　　　　　　　　　　）

⑦料理をこがさないようにするためにどうしますか。

（　　　　　　　　　　　　　　　　　　　　　　　　　　　　　　　）

⑧お茶をこぼさずにはこぶにはどうしますか。

（　　　　　　　　　　　　　　　　　　　　　　　　　　　　　　　）

⑨雪道で転ばないようにするためにどうしますか。

（　　　　　　　　　　　　　　　　　　　　　　　　　　　　　　　）

⑩ゲームを30分で終わりにするためにはどうしますか。

（　　　　　　　　　　　　　　　　　　　　　　　　　　　　　　　）

発展7　善悪と理由

❀つぎの質問に答えましょう。

①友だちをたたいてもいいですか。

(　　　　　　　　　　　　　　　　　　　　　　　　　　　　)

　それはどうしてですか。

(　　　　　　　　　　　　　　　　　　　　　　　　　　　　　　)

②落とし物は交番に届けますか。

(　　　　　　　　　　　　　　　　　　　　　　　　　　　　)

　それはどうしてですか。

(　　　　　　　　　　　　　　　　　　　　　　　　　　　　　　)

③家のお手伝いはしたほうがいいですか。

(　　　　　　　　　　　　　　　　　　　　　　　　　　　　)

　それはどうしてですか。

(　　　　　　　　　　　　　　　　　　　　　　　　　　　　　　)

④赤信号で横だん歩道をわたってもいいですか。

(　　　　　　　　　　　　　　　　　　　　　　　　　　　　)

　それはどうしてですか。

(　　　　　　　　　　　　　　　　　　　　　　　　　　　　　　)

⑤家から勝手に外に出てもいいですか。

(　　　　　　　　　　　　　　　　　　　　　　　　　　　　)

　それはどうしてですか。

(　　　　　　　　　　　　　　　　　　　　　　　　　　　　　　)

3

発展編

✳ こんなときどうしますか。合っているものに〇、まちがっているものに×をつけましょう。

①手が
　水でぬれました

（　　　）ぞうきんでふきます
（　　　）ハンカチでふきます
（　　　）ようふくでふきます
（　　　）タオルでふきます

②雨が
　ふってきました

（　　　）かっぱを着ます
（　　　）サンダルをはきます
（　　　）せんたく物を外にほします
（　　　）かさをさします

③えんぴつの芯が
　折れました

（　　　）友だちのふでばこからえんぴつを出します
（　　　）えんぴつけずりでけずります
（　　　）ふでばこから他のえんぴつを出します
（　　　）友だちにえんぴつを借ります

④のどがいたくて、
　咳が出そうです

（　　　）マスクをつけます
（　　　）うがいをします
（　　　）人に顔を近づけます
（　　　）大声を出します

⑤夏の暑い日、
　外に出かけます

（　　　）ぼうしをかぶります
（　　　）のどがかわいても、水を飲みません
（　　　）つかれたら、休憩をします
（　　　）日陰を歩きます

総合問題２　物の用途

✼どんなときに使(つか)いますか。２つずつ答(こた)えましょう。

①タオル
(　　　　　　　　　　　　　　　　)
(　　　　　　　　　　　　　　　　)

②ティッシュペーパー
(　　　　　　　　　　　　　　　　)
(　　　　　　　　　　　　　　　　)

③電話(でんわ)
(　　　　　　　　　　　　　　　　)
(　　　　　　　　　　　　　　　　)

④テーブル
(　　　　　　　　　　　　　　　　)
(　　　　　　　　　　　　　　　　)

⑤ぞうきん
(　　　　　　　　　　　　　　　　)
(　　　　　　　　　　　　　　　　)

⑥軍手(ぐんて)
(　　　　　　　　　　　　　　　　)
(　　　　　　　　　　　　　　　　)

⑦リュックサック
(　　　　　　　　　　　　　　　　)
(　　　　　　　　　　　　　　　　)

⑧かいちゅうでんとう
(　　　　　　　　　　　　　　　　)
(　　　　　　　　　　　　　　　　)

⑨ガムテープ
(　　　　　　　　　　　　　　　　)
(　　　　　　　　　　　　　　　　)

⑩電子(でんし)レンジ
(　　　　　　　　　　　　　　　　)
(　　　　　　　　　　　　　　　　)

✿ どんなときに行きますか。2つずつ答えましょう。

①歯医者
(　　　　　　　　　　　　　　　　　　　　)
(　　　　　　　　　　　　　　　　　　　　)

②美容室
(　　　　　　　　　　　　　　　　　　　　)
(　　　　　　　　　　　　　　　　　　　　)

③銀行
(　　　　　　　　　　　　　　　　　　　　)
(　　　　　　　　　　　　　　　　　　　　)

④交番
(　　　　　　　　　　　　　　　　　　　　)
(　　　　　　　　　　　　　　　　　　　　)

⑤図書館
(　　　　　　　　　　　　　　　　　　　　)
(　　　　　　　　　　　　　　　　　　　　)

⑥郵便局
(　　　　　　　　　　　　　　　　　　　　)
(　　　　　　　　　　　　　　　　　　　　)

⑦眼科
(　　　　　　　　　　　　　　　　　　　　)
(　　　　　　　　　　　　　　　　　　　　)

⑧コンビニエンスストア
(　　　　　　　　　　　　　　　　　　　　)
(　　　　　　　　　　　　　　　　　　　　)

⑨駅
(　　　　　　　　　　　　　　　　　　　　)
(　　　　　　　　　　　　　　　　　　　　)

⑩ガソリンスタンド
(　　　　　　　　　　　　　　　　　　　　)
(　　　　　　　　　　　　　　　　　　　　)

総合問題4　絵を見て理由説明

❋絵を見て、質問に答えましょう。

①

何をしていますか。　　　（　　　　　　　　　　　　　　　　）

それはどうしてですか。　（　　　　　　　　　　　　　　　　）

---

②

何をしていますか。　　　（　　　　　　　　　　　　　　　　）

それはどうしてですか。　（　　　　　　　　　　　　　　　　）

✵絵を見て、質問に答えましょう。

③

何をしていますか。　　（　　　　　　　　　　　　）

それはどうしてですか。　（　　　　　　　　　　　　）

----

④

何をしていますか。　　（　　　　　　　　　　　　）

それはどうしてですか。　（　　　　　　　　　　　　）

総合問題５　絵を見て物の説明

✲絵を見て、質問に答えましょう。

①

これは何ですか。　(　　　　　　　　　　　　　　　　　　　　)

どんなときに使いますか。　(　　　　　　　　　　　　　　　　　　　　)

これを使うとどうなりますか。　(　　　　　　　　　　　　　　　　　　　　)

②

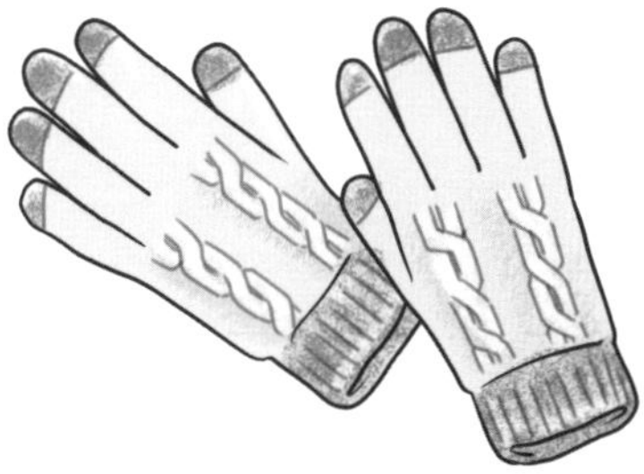

これは何ですか。　(　　　　　　　　　　　　　　　　　　　　)

どんなときに使いますか。　(　　　　　　　　　　　　　　　　　　　　)

これを使うとどうなりますか。　(　　　　　　　　　　　　　　　　　　　　)

※絵を見て、質問に答えましょう。

③

これは何ですか。　　　　　　　（　　　　　　　　　　　　）

どんなときに使いますか。　　　（　　　　　　　　　　　　）

これを使うとどうなりますか。　（　　　　　　　　　　　　）

- -

④

これは何ですか。　　　　　　　（　　　　　　　　　　　　）

どんなときに使いますか。　　　（　　　　　　　　　　　　）

これを使うとどうなりますか。　（　　　　　　　　　　　　）

- -

⑤

これは何ですか。　　　　　　　（　　　　　　　　　　　　）

どんなときに使いますか。　　　（　　　　　　　　　　　　）

これを使うとどうなりますか。　（　　　　　　　　　　　　）

総合問題6　かさの質問

✳つぎの問題に答えましょう。

①雨の日に使うものを3つと、使う理由を書きましょう。

（　　　　　　　　）（　　　　　　　　　　　　　　　　）

（　　　　　　　　）（　　　　　　　　　　　　　　　　）

（　　　　　　　　）（　　　　　　　　　　　　　　　　）

②夏の晴れた暑い日にかさをさすことがあります。そのかさを何と言いますか。

（　　　　　　　　　　　　　　　　　　　）

③どうして晴れているのに、かさをさすのですか。

（　　　　　　　　　　　　　　　　　　　　　　　　　）

④　　　　　　　　これは何ですか。

（　　　　　　　　）

ふつうのかさとどこが違いますか。

（　　　　　　　　）

このかさを使うのは、どんなときですか。

（　　　　　　　　）

⑤ぬれたかさを持ち歩くとき、何に気をつけますか。

（　　　　　　　　　　　　　　　　　　　　　　　　　）

それはどうしてですか。

（　　　　　　　　　　　　　　　　　　　　　　　　　）

総合問題7　どうなりますか①

❀ こんなとき、どうなりますか。

①ガラスのコップをお盆にのせて歩いていたら足をすべらせました。
　どうなりますか。

（　　　　　　　　　　　　　　　　　　　　　　　　　　　　）

②大雨がふっているのに、まどを閉めていませんでした。どうなりま
　すか。

（　　　　　　　　　　　　　　　　　　　　　　　　　　　　）

③目にごみが入ったので、強くこすりました。どうなりますか。

（　　　　　　　　　　　　　　　　　　　　　　　　　　　　）

④長ぐつをはかないで、水たまりに入りました。どうなりますか。

（　　　　　　　　　　　　　　　　　　　　　　　　　　　　）

⑤手をあらったあと、タオルでふきませんでした。どうなりますか。

（　　　　　　　　　　　　　　　　　　　　　　　　　　　　）

⑥雨がふってきたのに、せんたく物を外にほしたままです。
　どうなりますか。

(　　　　　　　　　　　　　　　　　　　　　　　　　　)

- -

⑦冷蔵庫をあけっぱなしにしました。どうなりますか。

(　　　　　　　　　　　　　　　　　　　　　　　　　　)

- -

⑧一週間、歯をみがきませんでした。どうなりますか。

(　　　　　　　　　　　　　　　　　　　　　　　　　　)

- -

⑨宿題をやらずに学校に来ました。どうなりますか。

(　　　　　　　　　　　　　　　　　　　　　　　　　　)

- -

⑩寒い冬、ふとんをかけないでねました。どうなりますか。

(　　　　　　　　　　　　　　　　　　　　　　　　　　)

3 発展編

総合問題8　どうなりますか②

✳こんなとき、どうなりますか。

①ゆかにジュースをこぼしてしまいました。どうなりますか。

(　　　　　　　　　　　　　　　　　　　　　　　　　　　　)

②かき氷を一気に食べました。どうなりますか。

(　　　　　　　　　　　　　　　　　　　　　　　　　　　　)

③家を出るとき、玄関のかぎをしめわすれました。どうなりますか。

(　　　　　　　　　　　　　　　　　　　　　　　　　　　　)

④使ったお皿やはしをあらわずに、一日中流しにおきっぱなしにしました。どうなりますか。

(　　　　　　　　　　　　　　　　　　　　　　　　　　　　)

⑤一週間、ごみをごみばこにすてずに、ゆかにおきました。
　どうなりますか。

(　　　　　　　　　　　　　　　　　　　　　　　　　　　　)

⑥お金を持たずに、買い物に行きました。どうなりますか。

(　　　　　　　　　　　　　　　　　　　　　　　　　　)

----

⑦マジックペンのふたをしめずに、ふでばこに入れました。どうなりますか。

(　　　　　　　　　　　　　　　　　　　　　　　　　　)

----

⑧夜に雷が落ちて、停電になりました。どうなりますか。

(　　　　　　　　　　　　　　　　　　　　　　　　　　)

----

⑨暑い夏の日に、冬用のコートを着て出かけました。どうなりますか。

(　　　　　　　　　　　　　　　　　　　　　　　　　　)

----

⑩ゆで時間が3分のそうめんを、30分ゆでました。どうなりますか。

(　　　　　　　　　　　　　　　　　　　　　　　　　　)

3
発展編

総合問題9　4コマイラスト①

❋イラストを見て、質問に答えましょう。

①なつこさんは、どうして水筒の
お茶を飲んでいるのですか。

（　　　　　　　　　　　　　）

②なつこさんは、水筒をリュックにし
まうとき、どこを見ていますか。

（　　　　　　　　　　　　　）

③なつこさんは、お出かけから
帰ってきました。
家に帰って何をしていますか。

（　　　　　　　　　　　　　）

④リュックの中を見ると、びしょ
びしょにぬれていました。それ
はどうしてですか。

（　　　　　　　　　　　　　）

⑤なつこさんは、つぎは何に気を
つければよいでしょうか。

（　　　　　　　　　　　　　）

総合問題10　4コマイラスト②

✲イラストを見て、質問に答えましょう。

①ふゆみさんは、どうして空を見ているのですか。

(　　　　　　　　　　　　　　　　　　　　　)

②ふゆみさんは、かさを持って行くことにしました。それはどうしてですか。

(　　　　　　　　　　　　　　　　　　　　　)

③歩いていると、とちゅうから雨がふってきました。
ふゆみさんはどんな気持ちですか。

(　　　　　　　　　　　　　　　　　　　　　)

④もし、かさを持っていなかったら、ふゆみさんはどうなっていましたか。

(　　　　　　　　　　　　　　　　　　　　　)

総合問題 11　４コマイラスト③

❀イラストを見て、質問に答えましょう。

①あきお君は家族でハイキングに
出かけます。
用意するものを３つ答えましょう。

（　　　　　　　　）（　　　　　　　　）
（　　　　　　　　）

②あきお君は何をさがしているの
ですか。

（　　　　　　　　　　　　　　）

③探し物はなかなか見つかりません。
それはどうしてですか。

（　　　　　　　　　　　　　　）

④お母さんが、探し物を見つけて
くれました。
あきお君はお母さんに何と言え
ばよいですか。

（　　　　　　　　　　　　　　）

⑤物をなくさないために気をつけ
ることを２つ書きましょう。

（　　　　　　　　　　　　　　）
（　　　　　　　　　　　　　　）

❋イラストを見て、質問に答えましょう。

① はるき君は、学校から家に帰ってきたあと、何をしましたか。

（　　　　　　　　　　　）

（　　　　　　　　　　　）

② 夜9時は、はるき君がそろそろねる時間です。このとき、はるき君は何に気づいたのですか。

（　　　　　　　　　　　）

③ そのあと、はるき君はどうしましたか。

（　　　　　　　　　　　）

④ それはどうしてですか。

（　　　　　　　　　　　）

⑤ このとき、はるき君はどう思ったでしょう。

（　　　　　　　　　　　）

⑥ 学校の宿題は、いつやるとよいですか。

（　　　　　　　　　　　）

⑦ それはどうしてですか。

（　　　　　　　　　　　）

3

発展編

総合問題 13　コップの質問

✳絵を見て、つぎの問題に答えましょう。

①何が起こりましたか。絵を見て文を書きましょう。

(　　　　　　　　　　　　　　　　　　　　　　　)

②どうしてコップはつくえから落ちたのだと思いますか。

(　　　　　　　　　　　　　　　　　　　　　　　)

③コップはつくえから落ちるとどうなりますか。

(　　　　　　　　　　　　　　　　　　　　　　　)

④われたコップは何を使ってそうじしますか。

(　　　　　　　　　　　　　　　　　　　　　　　)

⑤われたコップを片づけるときに気をつけることは何ですか。

(　　　　　　　　　　　　　　　　　　　　　　　)

⑥つくえの上のコップが落ちるのは、どんなときですか。
　3つ書きましょう。

(　　　　　　　　　　　　　　　　　　　　　　　　　　)
(　　　　　　　　　　　　　　　　　　　　　　　　　　)
(　　　　　　　　　　　　　　　　　　　　　　　　　　)

⑦このコップはあなたのお気に入りでした。どんな気持ちですか。

(　　　　　　　　　　　　　　　　　　　　　　　　　　)

⑧コップが落ちないためにはどうしたらいいですか。
　3つ書きましょう。

(　　　　　　　　　　　　　　　　　　　　　　　　　　)
(　　　　　　　　　　　　　　　　　　　　　　　　　　)
(　　　　　　　　　　　　　　　　　　　　　　　　　　)

⑨コップをつくえの上におくとき、どこにおくのがよいですか。
　絵で書いてみましょう。

3
発展編

総合問題 14　何と言いますか

❀こんなとき、何と言いますか。

①夕食を食べようとしたら、自分のはしがありません。何と言いますか。

（ 　　　　　　　　　　　　　　　　　　　　　　　　　　　 ）

②棚の上にあるおもちゃで遊びたいのに、手が届きません。何と言いますか。

（ 　　　　　　　　　　　　　　　　　　　　　　　　　　　 ）

③麦茶を飲みたいのに、コップが見つかりません。何と言いますか。

（ 　　　　　　　　　　　　　　　　　　　　　　　　　　　 ）

④学校から帰ろうとしたら、くつがありません。先生に何と言いますか。

（ 　　　　　　　　　　　　　　　　　　　　　　　　　　　 ）

⑤着替えをしていたら、くつしたにあながあいていました。何と言いますか。

（ 　　　　　　　　　　　　　　　　　　　　　　　　　　　 ）

⑥前を歩いている友だちが、ハンカチを落としました。何と言いますか。

（ 　　　　　　　　　　　　　　　　　　　　　　　　　　　 ）

⑦宿題が終わったので、お母さんに丸つけをしてもらいます。何と言いますか。

(　　　　　　　　　　　　　　　　　　　　　　　　　　　　　　)

⑧学校から、集金袋をもらって帰りました。何と言いますか。

(　　　　　　　　　　　　　　　　　　　　　　　　　　　　　　)

⑨先生がプリントを配っていますが、うしろの席の友だちの分が足りません。先生に何と言いますか。

(　　　　　　　　　　　　　　　　　　　　　　　　　　　　　　)

うしろの席の友だちに何と言いますか。

(　　　　　　　　　　　　　　　　　　　　　　　　　　　　　　)

⑩朝、お母さんに「もう起きる時間だからお兄ちゃんを起こしてきて」と言われました。お母さんに何と言いますか。

(　　　　　　　　　　　　　　　　　　　　　　　　　　　　　　)

お兄ちゃんはまだねていました。お兄ちゃんに何と言いますか。

(　　　　　　　　　　　　　　　　　　　　　　　　　　　　　　)

総合問題 15　予防のために気をつけること

✼何に気をつけたらよいですか。

①わすれ物をしないために、気をつけること。

(　　　　　　　　　　　　　　　　　　　　　　　　　　　　)

(　　　　　　　　　　　　　　　　　　　　　　　　　　　　)

②交通事故にあわないために、気をつけること。

(　　　　　　　　　　　　　　　　　　　　　　　　　　　　)

(　　　　　　　　　　　　　　　　　　　　　　　　　　　　)

③ごみを減らすために、気をつけること。

(　　　　　　　　　　　　　　　　　　　　　　　　　　　　)

(　　　　　　　　　　　　　　　　　　　　　　　　　　　　)

④電気を無駄にしないために、気をつけること。

(　　　　　　　　　　　　　　　　　　　　　　　　　　　　)

(　　　　　　　　　　　　　　　　　　　　　　　　　　　　)

⑤テストでまちがいをなくすために、気をつけること。

(　　　　　　　　　　　　　　　　　　　　　　　　　　　　)

(　　　　　　　　　　　　　　　　　　　　　　　　　　　　)

⑥きれいにせんたく物をたたむために、気をつけること。

(　　　　　　　　　　　　　　　　　　　　　　　　　　　　)

(　　　　　　　　　　　　　　　　　　　　　　　　　　　　)

⑦インフルエンザなどの感染症を予防するために、気をつけること。

(　　　　　　　　　　　　　　　　　　　　　　　　　　　　)

(　　　　　　　　　　　　　　　　　　　　　　　　　　　　)

⑧夏に日焼けをしないために、気をつけること。

(　　　　　　　　　　　　　　　　　　　　　　　　　　　　)

(　　　　　　　　　　　　　　　　　　　　　　　　　　　　)

⑨電車のなかでまわりに迷惑をかけないために、気をつけること。

(　　　　　　　　　　　　　　　　　　　　　　　　　　　　)

(　　　　　　　　　　　　　　　　　　　　　　　　　　　　)

⑩肥満にならないために、気をつけること。

(　　　　　　　　　　　　　　　　　　　　　　　　　　　　)

(　　　　　　　　　　　　　　　　　　　　　　　　　　　　)

⑪部屋をきれいに保つために、気をつけること。

(　　　　　　　　　　　　　　　　　　　　　　　　　　　　)

(　　　　　　　　　　　　　　　　　　　　　　　　　　　　)

⑫食べ物をこぼさずに食べるために、気をつけること。

(　　　　　　　　　　　　　　　　　　　　　　　　　　　　)

(　　　　　　　　　　　　　　　　　　　　　　　　　　　　)

3

発展編

総合問題 16　対策と理由

※どんな対策をしたらよいですか。その理由も答えましょう。

①天気予報で、今夜から台風がくると言っています。

対策	理由
●	●
●	●
●	●

②今日はとても暑くて、熱中しょうけいかいアラートが出ています。

対策	理由
●	●
●	●
●	●

③雪がふり始めて、明日の朝には積雪 20 センチになる見込みです。

対策	理由
•	•
•	•
•	•

④インフルエンザが流行し始めました。

対策	理由
•	•
•	•
•	•

解説・解答例

ここに挙げているのは一つの例です。
子どもの発達段階によって解答は異なりますので、子どもの能力に合わせて具体的でイメージしやすい解答を示してください。

1 基本編

基本1　A。だから（B）（P8）

①かさをさします。②ごはんを食べます。③手をあらいます。④けしごむで消します。⑤トイレに行きます。⑥歯医者に行きます。⑦お茶を飲みます。⑧ふきんでふきます。⑨えんぴつをけずります。⑩薬を飲みます。⑪美容室で切ります。⑫せんたくきであらいます。⑬鼻をかみます。⑭ごみばこにすてます。⑮つめ切りで切ります。⑯タオルでふきます。⑰ばんそうこうをはります。⑱電気をつけます。⑲上着を着ます。⑳そうじをします。㉑起きます。

基本2　絵と絵の線つなぎ（P15）

基本3　A。だから（B）（P18）

①かさをさします。②ごはんを食べます。③手をあらいます。④けしごむで消します。⑤トイレに行きます。⑥歯医者に行きます。⑦お茶を飲みます。⑧ふきんでふきます。⑨えんぴつをけずります。⑩薬を飲みます。⑪美容室で切ります。⑫せんたくきであらいます。⑬鼻をかみます。⑭ごみばこにすてます。⑮つめ切りで切ります。⑯タオルでふきます。⑰ばんそうこうをはります。⑱電気をつけます。⑲上着を着ます。⑳そうじをします。

基本4　Aから（B）（P22）

①手をあらいます。②トイレに行きます。③えんぴつをけずります。④ごはんを食べます。⑤ふきんでふきます。⑥けしごむで消します。⑦かさをさします。⑧お茶を飲みます。⑨薬を飲みます。⑩歯医者に行きます。

基本5　Aので（B）（P24）

①鼻をかみます。②つめ切りで切ります。③そうじをします。④上着を着ます。⑤電気をつけます。⑥せんたくきであらいます。⑦ばんそうこうをはります。⑧美容室で切ります。⑨タオルでふきます。⑩ごみばこにすてます。

基本6　（A）だからB（P26）

①雨がふりました。②手がよごれました。③おしっこがしたいです。④字をまちがえました。⑤歯がいたいです。⑥水がこぼれました⑦かぜをひきました。⑧えんぴつがおれました。⑨のどがかわきました。⑩おなかがすきました。⑪ふくがよごれました。⑫かみの毛がのびました。⑬つめがのびました。⑭鼻水が出ました。⑮けがをしました　⑯ごみが落ちています。⑰くらくなりました。⑱あせをかきました。⑲朝になりました。⑳部屋がきたないです。

基本7　（A）だから（B）（P30）

①歯がいたいです。だから　歯医者に行きます。②えんぴつがおれました。だから　えん

ぴつをけずります。③おしっこがしたいです。だから　トイレに行きます。④手がよごれました。だから　手をあらいます。⑤かみの毛がのびました。だから　美容室で切ります。⑥おなかがすきました。だから　ごはんを食べます。⑦鼻水が出ました。だから　鼻をかみます。⑧くらくなりました。だから　電気をつけます。⑨ごみが落ちています。だからごみばこにすてます。⑩字をまちがえました。だから　けしごむで消します。⑪かぜをひきました。だから　薬を飲みます。⑫あせをかきました。だから　タオルでふきます。⑬水がこぼれました。だから　ふきんでふきます。⑭朝になりました。だから　起きます。⑮のどがかわきました。だから　お茶を飲みます。⑯つめがのびました。だから　つめ切りで切ります。⑰ふくがよごれました。だから　せんたくきであらいます。

基本8　どうして○○○？（P36）

①えんぴつがおれたからです。②おなかがすいたからです。③字をまちがえたからです。④手がよごれたからです。⑤水がこぼれたからです。⑥歯がいたいからです。⑦雨がふってきたからです。⑧のどがかわいたからです。⑨おしっこがしたいからです。⑩かぜをひいたからです。⑪鼻水が出たからです。⑫ごみが落ちているからです。⑬あせをかいたからです。⑭朝になったからです。⑮寒いからです。⑯つめがのびたからです。⑰くらくなったからです。⑱ふくがよごれたからです。⑲部屋がきたないからです。⑳けがをしたからです。

基本9　文と文の線つなぎ（P40）

えんぴつがおれました―えんぴつをけずります、歯がいたいです―歯医者に行きます、おしっこがしたいです―トイレに行きます

手がよごれました―手をあらいます、のどがかわきました―お茶を飲みます、字をまちが

えました―けしごむで消します

水がこぼれました―ふきんでふきます、雨がふってきました―かさをさします、かぜをひきました―薬を飲みます

おなかがすきました―ごはんを食べます、ふくがよごれました―せんたくきであらいます、けがをしました―ばんそうこうをはります

ごみが落ちています―ごみばこにすてます、鼻水が出ました―鼻をかみます、かみの毛がのびました―美容室で切ります

つめがのびました―つめ切りで切ります、くらくなりました―電気をつけます、寒いです―上着を着ます

ふくがよごれました―せんたくきであらいます、あせをかきました―タオルでふきます、けがをしました―ばんそうこうではります

部屋がきたないです―そうじをします、字をまちがえました―けしごむで消します、かぜをひきました―薬を飲みます

基本10　○つけ（P42）

①ごはんを食べます（○）②けしごむで消します（○）③電気をつけます（○）④美容室で切ります（○）⑤ばんそうこうをはります（○）⑥歯医者に行きます（○）⑦トイレに行きます（○）⑧上着を着ます（○）⑨ごはんを食べます（○）⑩せんたくきであらいます（○）

基本11　○×つけ①（P44）

①×、○、×②○、×、×③×、○、×④×、×、○⑤×、×、○⑥○、×、×⑦×、○、×⑧×、×、○⑨×、○、×⑩×、×、○

基本12　○×つけ②（P46）

①×、○、×②○、×、×③×、○、×④×、×、○⑤○、×、×⑥×、○、×⑦×、×、○⑧×、×、○⑨○、×、×⑩×、×、○

② 中級編

中級1　A。だから（B）（複数回答）（P48）

①かさをさします・レインコートを着ます②手をあらいます・ウェットティッシュでふきます③薬を飲みます・病院に行きます④タオルでふきます・着がえをします⑤ばんそうこうをはります・薬をぬります⑥上着を着ます・ストーブをつけます⑦そうじをします・かたづけます⑧せんたくきであらいます・着がえをします⑨起きます・カーテンをあけます⑩ごはんを食べます・おやつを食べます

中級2　どうして○○○？（複数回答）（P50）

①寒いからです・外に出かけるからです②おしっこがしたいからです・うんちがしたいからです③えんぴつがおれたからです・えんぴつの芯が丸くなったからです④あせをかいたからです・手をあらったからです⑤くらくなったからです・夜になったからです⑥のどがかわいたからです・ごはんを食べ終わったからです⑦部屋がきたないからです・ごみが落ちているからです⑧歯がいたいからです・虫歯になったからです⑨手がよごれたからです・外から帰ってきたからです⑩けがをしたからです・血が出たからです

中級3　A。だから（B）（P52）

①タオルでふきます。②くつをはきます。③せんぷうきをつけます。④ドライヤーをかけます。⑤かさをとじます。⑥水着を着ます。⑦ふとんに入ります。⑧はしをひろいます。⑨目薬をさします。⑩くしでとかします。⑪花に水をあげます。⑫うがいをします。⑬返事をします⑭止まります。⑮雪かきをします。⑯あやまります。

中級4　どうして○○○？（P54）

①のどがいたいからです。②雨がやんだからです。③部屋が暑いからです。④ねむくなったからです。⑤外に出かけるからです。⑥プー

ルに入るからです。⑦かみの毛がぬれているからです。⑧雪がつもったからです。⑨ごはんを食べたからです。⑩手をあらったからです。⑪あぶないからです。⑫目がかゆいからです。⑬名前をよばれたからです。⑭花がかれそうだからです。⑮はしが落ちたからです。⑯部屋が寒くなったからです。

中級5　だから／でも①（P56）

> ここでは「だから、かさをさします」「でも、かさをさしません」と単純に肯定型「します」か否定型「しません」か判断して解答させます。子どもの理解度によって「でも、かさがありません」というようにより自然な言い回しで答えられるなら、そのように教えていきましょう。

①ごはんを食べます。／ごはんを食べません。②お茶を飲みます。／お茶を飲みません。③タオルでふきます。／タオルでふきません。④上着を着ます。／上着を着ません。⑤テレビをつけます。／テレビをつけません。⑥じょうずになりました。／じょうずになりません。⑦水着を持って行きます。／水着を持って行きません。⑧バスに乗ります。／バスに乗りません。⑨外に出かけます。／外に出かけません。

中級6　だから／でも②（P58）

①タオルでふきます。②くつがありません。③まだねる時間ではありません。④止まります。⑤体がぬれました。⑥新しい電池がありません。⑦コップがわれました。⑧目薬がありません。⑨病院が休みです。⑩かさをさします。⑪上着を着ます。⑫車が曲がってきたので止まります。⑬パンは売り切れです。⑭花が元気になりました。⑮われませんでした。⑯テレビをつけます。

中級7　だから／でも③（P60）

①外に出かけます。②かぜをひきました。③雨がふってきました。④友だちの名前をよびました。⑤寒くなってきました。⑥ガラスのコップをゆかに落としました。⑦花に水をあげました。⑧ねむくなりました。⑨雨がふってきました。⑩おしっこがしたいです。⑪部屋が暑いです。⑫買い物にきました。⑬時計が止まりました。⑭のどがいたいです。⑮朝になりました。

中級8　だから／でも④（P62）

①おしっこがしたいです。だから、トイレに行きます。②くらくなりました。だから、電気をつけます。③転びました。だから、ひざから血が出ました。④せいざをしました。だから、足がしびれました。⑤部屋が暑いです。だから、せんぷうきをつけます。⑥プールに入ります。だから、水着を着ます。⑦信号が青になりました。だから、横だん歩道をわたります。⑧雨がふってきました。でも、かさがありません。⑨名前をよびました。でも、返事がありません。⑩寒くなりました。でも、ストーブがこわれています。⑪かぜをひきました。でも、今日は病院が休みです。⑫めざまし時計がなりました。でも、まだねむいです。⑬花に水をあげました。でも、かれてしまいました。⑭パンを買いに行きました。でも、売り切れていました。⑮ゲームがしたいです。でも、宿題が終わっていません。

3 発展編

発展1　3つの関係①（P64）

①かさをさしました。／雨にぬれませんでした。②かさをさしました。／少しぬれてしまいました。③ごはんを食べました。／おなかがいっぱいになりました。④ごはんを食べました。／まだたりません。⑤電気をつけました。／明るくなりました。⑥歯医者に行きました。／まだなおっていません。⑦水をあげました。／花が元気になりました。⑧電車にのりました。／電車がとちゅうで止まってしまいました。⑨練習をたくさんしました。／ダンスがじょうずになりました。⑩お母さんがお弁当を作ってくれました。／家にわすれてきてしまいました。⑪つめ切りで切ります。／つめがみじかくなりました。⑫カーテンをあけました。／まだねむいです。⑬手をあらいました。／手がきれいになりました。⑭スーパーに行きました。／ほしいおやつがありませんでした。⑮残しました。／お母さんにしかられました。⑯テレビをつけました。／今日は放送していませんでした。

発展2　3つの関係②（P66）

①冷蔵庫にお茶がありません。／水道の水を飲みました。②お茶を飲みました。／まだのどがかわいています。③全部おぼえていません。／今からたくさん勉強します。④毎日勉強しました。／100点がとれませんでした。⑤近くに自転車屋さんがありません。／家まで自転車をおして帰りました。⑥電話に出ました。／まちがい電話でした。⑦友だちと遊びたいです。／急いで宿題を終わらせます。⑧友だちにたずねました。／友だちもわかりませんでした。⑨材料がありません。／買い物に行きます。⑩朝、アラームがなりました。／起きられませんでした。⑪今日は閉園でした。／帰りました。⑫ホームで電車を待ちま

した。／なかなか電車がきません。⑬数が足りませんでした。／もう一度買いに行きました。⑭雪かきをしました。／また積もってしまいました。⑮お金が足りません。／お金をためてからまた買いにきます。⑯旅行のお金をためました。／お正月にかぜをひいてしまいました。

発展3　○×つけ（P68）

①○、×、×②○、○、×③×、×、○④○、×、×⑤○、×、○⑥○、×、×⑦×、×、○⑧○、○、×⑨○、○、×⑩×、○、○

発展4　こんなときどうしますか①（P70）

①歯医者に行きます。②雪かきをします。③相手にあやまります。④返事をします。⑤ジュースをふいて着がえます。⑥止まります。⑦駅員さんをよびます。⑧近くの交番でたずねます。⑨お母さんに教えてもらいます。⑩ちがうおかしを買います。⑪せいざをくずします。⑫電気を消します。⑬新しいトイレットペーパーをつけます。⑭お母さんに報告します。⑮ほうきとちりとりでそうじします。⑯けがをしないように気をつけてひろいます。⑰友だちに貸してもらいます。⑱お母さんに教えてもらいます。⑲新しいくつしたと交換します。⑳おくのほうにつめます。

発展5　こんなときどうしますか②（P72）

①友だちにあやまります。②駅員さんにきっぷをなくしたことを伝えます。③財布をとりに家に帰ります。④新しい電球に取りかえます。⑤「どうしたの？」と声をかけます。⑥新しいマスクに取りかえます。⑦蛇口をしめて水を止めます。⑧部屋にいる家族にバスタオルを取ってもらいます。⑨「だいじょうぶですか？」と声をかけます。⑩急いでせんたく物を取り込みます。⑪駅員さんをよびます。⑫「何か必要なものはありますか？」と聞きます。⑬石けんをとって、お父さんにわたします。⑭急いでまどをしめます。⑮新しい電

池に取りかえます。⑯店員さんにお母さんとはぐれたことを伝えます。⑰辞書で調べます。⑱「１００円多いです」とお金を返します。⑲ボタンの近くの人に「５階をおしてください」とお願いします。⑳ゲームをやめて、お風呂に入ります。

発展6　○○しないようにするためにどうしますか（P74）

①毎日歯をみがきます。②手あらいやうがいをします。③くらいところで本を読みません。④えんぴつを正しく持って、ていねいに書きます。⑤夜ふかししないで早くねます。⑥問題をよく読んでときます。⑦フライパンから目をはなさないようにします。⑧お盆をまっすぐにしてゆっくり運びます。⑨小股でゆっくり歩きます。⑩３０分タイマーをかけて、タイマーが鳴ったら終わりにします。

発展7　善悪と理由（P75）

①いいえ、いけません。／友だちが悲しむからです。②はい、そうです。／落とした人が困っているからです。③はい、そうです。／家族が助かるからです。④いいえ、いけません。／車にひかれてしまうからです。⑤いいえ、いけません。／家族が心配するからです。

総合問題1　○×つけ（P76）

①×、○、×、○②○、×、×、○③×、○、○、○④○、○、×、×⑤○、×、○、○

総合問題2　物の用途（P77）

①あせをふくとき・手をふくとき②鼻をかむとき・ごみをひろうとき③はなれた場所の人と話すとき／救急車をよぶとき④ごはんを食べるとき／勉強をするとき⑤ゆかをふくとき／まどをふくとき⑥草むしりをするとき／重いものを持つとき⑦ハイキングに行くとき／遠足に行くとき⑧停電になったとき／夜、外に出かけるとき⑨段ボールを組み立てるとき／ゴミをまとめるとき⑩食べ物をあたためるとき／野菜を下ゆでするとき

総合問題3　場所と目的（P78）

①歯がいたいとき・虫歯になったとき②かみの毛を切るとき・ヘアセットをするとき③お金をあずけるとき・お金をおろすとき④落とし物をひろったとき・道に迷ったとき⑤本を借りるとき・本を読むとき⑥切手を買うとき・郵便物を出すとき⑦目がいたいとき・目がかゆいとき⑧お弁当を買うとき・コピーをするとき⑨電車に乗るとき・新幹線のきっぷを買うとき⑩車にガソリンを入れるとき・車をあらうとき

総合問題4　絵を見て理由説明（P79）

①女の子が泣いています。／ぬいぐるみのうでが取れてしまったからです。②男の子がぞうきんがけをしています。／ゆかがよごれたからです。③女の子が咳をしています。／かぜをひいたからです。④おじいさんがおこっています。／ボールが当たって植木鉢がわれたからです。

総合問題5　絵を見て物の説明（P81）

①うちわ／暑い日に使います。／すずしくなります。②手袋／手が冷たいときに使います。／手があたたかくなります。③せんたくばさみ／せんたく物をほすときに使います。／せんたく物が飛ばなくなります。④そうじき／部屋がきたないときに使います。／ごみがなくなってきれいになります。⑤ばんそうこう／けがをしたときに使います。／早くけががなおります。

総合問題6　かさの質問（P83）

①かさ・体がぬれないようにするためです／長ぐつ・足がぬれないようにするためです／レインコート・自転車にのるとき体がぬれないようにするためです②日がさ③太陽の光をさえぎるためです④折りたたみがさ・小さくおりたためます・出かけるときは晴れていても、帰るときに雨がふるかもしれないときです⑤まわりの人にぬれたかさが当たらないよ

うにします・まわりの人が困るからです

総合問題7　どうなりますか①（P84）

①ガラスのコップがお盆から落ちてわれます。②家の中に雨が入ってきてぬれます。③目が傷ついて赤くなります。④くつとくつ下がびしょぬれになります。⑤ゆかがぬれて、手があれてしまいます。⑥せんたく物が雨でぬれます。⑦冷蔵庫の中の物が冷たくなくなります。⑧歯にごみがたまって、口がくさくなります。⑨先生に注意されます。⑩寒くてかぜをひきます。

総合問題8　どうなりますか②（P86）

①ゆかがジュースでベタベタになります。②頭がいたくなります。③空き巣に入られます。④食器の汚れが落ちなくなって、流しがくさくなります。⑤ゆかがごみでいっぱいになります。⑥お金がないので買えません。⑦ふでばこがマジックペンのインクでよごれます。⑧まっくらになって、電気が使えなくなります。⑨暑くて汗をたくさんかきます。⑩ゆですぎてそうめんがぐにゃぐにゃになります。

総合問題9　4コマイラスト①（P88）

①外が暑いからです。②ちょうちょうを見ています。③リュックの中身を片づけています。④水筒がしっかりしまっていなかったからです。⑤水筒は、よく見てしめること。

総合問題10　4コマイラスト②（P89）

①今日の天気が知りたいからです。②空に雨雲が見えたからです。③「かさを持ってきてよかった」という気持ち。④雨にぬれていました。

総合問題11　4コマイラスト③（P90）

①リュック・くつ・帽子②帽子③荷物がごちゃごちゃに置かれているからです。④帽子を見つけてくれてありがとう。⑤使ったら元の場所にもどす・部屋はいつもきれいに片づけておく

総合問題 12　４コマイラスト④（P91）

①遊びに行きました。夕ごはんを食べました。②宿題が終わっていなかったこと。③宿題をしました。④明日持って行く宿題だからです。⑤遊びに行く前に宿題をすればよかった。⑥遊びに行く前⑦先に終わらせておけば、あとは好きなことができるからです。

総合問題 13　コップの質問（P92）

①ガラスのコップが落ちてわれました。②コップがつくえの端におかれていたのだと思います。③われたり、ヒビが入ったりします。④ほうきとちりとりでそうじをします。⑤手や足をけがしないように気をつけます。⑥コップがつくえの端におかれているとき・つくえにぶつかったとき・地震が起きたとき⑦悲しい気持ち⑧コップはつくえの真ん中のほうにおく・つくえにぶつからないように気をつける・つくえの上におきっぱなしにしない。⑨略

総合問題 14　何と言いますか（P94）

①「わたしのはしがありません」②「棚の上のおもちゃをとってください」③「コップが見つかりません、どこにありますか」④「げたばこにくつがありません」⑤「新しいくつしたと交換してください」⑥「○○さん、ハンカチを落としたよ」⑦「お母さん、宿題が終わったので丸つけをしてください」⑧「学校で集金袋をもらったので、お願いします」⑨「先生、プリントが１枚足りません」・「プリントが足りなかったから、先生にもらってくるね」⑩「はい、わかりました」・「お兄ちゃん、朝だから起きて」

総合問題 15　予防のために気をつけること（P96）

①あらかじめ持ち物をメモに書いておく・前日に持ち物を用意する②赤信号のときは道路をわたらない・スマートフォンを見ながら歩かない③物は最後まで使い切る・必要のないものは買わない④使っていない部屋の電気は消す・テレビをつけっぱなしにしない⑤問題をよく読んで答える・見直しをする⑥平らな場所でたたむ・手でアイロンをしながらたたむ⑦こまめに手あらいとうがいをする・マスクをつける⑧日焼け止めクリームをぬる・日がさをさす⑨大きな声で話さない・ドアが開くときはドアの前に立たない⑩食べすぎない・適度な運動をする⑪使ったものは元の場所に戻す・使わないものはしまう⑫茶わんを持って食べる・口をとじてかむ

総合問題 16　対策と理由（P98）

①庭にある飛ばされそうなものを室内に入れる・他の家や人に当たって危険だから／まどのシャッターをしめる・飛んできた物が当たってまどがわれるのを防ぐため／かいちゅでんとうを用意する・停電になったとき、部屋の中を照らすため②こまめに水分や塩分をとる・体のなかの水分や塩分が足りなくなるのを防ぐため／エアコンを使用する・部屋の中をすずしくするため／すずしい服装をする・体をすずしくするため③雪かき道具を用意する・すぐに雪かきができるようにするため／あたたかい服装でねる・気温が下がってかぜをひかないようにするため／かいちゅでんとうを用意する・停電になったとき、部屋の中を照らすため／④手あらいやうがいをする・ウイルスを落とすため／マスクをする・ウイルスを体の中に入れないため／栄養のある食事をする・インフルエンザにかかりにくい体を作るため

memo

コロロの療育方針と相談先

1．脳の機能を高める療育

　脳の大脳新皮質の「前頭前野」が働いているときは、周りの状況に合わせて落ち着いて過ごし、よく考えて目的とする行動をとることができます。しかし、脳がバランスよく機能していないと、大脳辺縁系や脳幹で起こる反射的な行動が多くなります（右図参照）。

　コロロの療育では、子どもたちの日常的な行動観察から脳のどの部分が機能しているのか、十分に機能していない部分はどこかを分析し、前頭前野が働いている状態（＝意識レベルが高い状態）を保つことができる療育を心がけています。子どもたちの発達を促す実践に基づいてワークブックや教材セット、実践プログラムが開発されています。

■脳の活動水準と行動

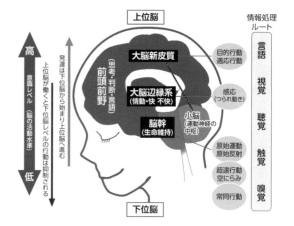

2．社会適応力を高める

　コロロの療育の三本柱は、「概念学習」「行動トレーニング・歩行」「適応力を育てるトレーニング」です。この3つの学習・トレーニングを個々の子どもたちの発達に応じて療育に取り入れています。3つの力をバランスよく発達させることで、子どもたちの社会適応力を高めることを目標にしています。

社会適応力

概念学習	行動トレーニング・歩行	適応力を育てるトレーニング
「ことば」や「かず」の学習を通して、見る・聞く・読む・書く・話す・考える力を育てます。そうした学習の結果を日常生活の中で活かせる指導を心がけています。コロロの療育の中で生まれた「発語プログラム」を基にして考案されたのが、シリーズ①〈原因と結果、理由〉を言葉にするワークブックです。日常の行動を説明する力、因果関係を理解し、言語化する力を育みます。子どもの発達段階を判定し、個別にきめ細かいプログラムを作成し、スモールステップで学習を進めていきます。	持続力・集中力を高めるための基礎トレーニングです。一定の姿勢を保つ「静止の持続」と、簡単な運動を続ける「運動の持続」の両方についてプログラムを作成し実践しています。歩行トレーニングでは、手をつないで一定のペースで歩き続ける力を身に付けます。歩き続ける力を養うことで、心身の持続力が高まり、行動が落ち着きます。	こだわりが強く、マイペースな行動を他者から妨害されると、パニックに陥る子どもがいます。他者からの関与、状況の変化にも対応できる力を育てるトレーニングです。

3．療育の主体者は親

　コロロでは、「療育の主体者は親である」という理念のもとに〈在宅支援プログラム〉を作成し、家庭療育の態勢を整えるサポートをしています。年齢とともに、子どもを取り巻く環境は移り変わっていきます。親が療育の主体者となり、家庭療育の基盤ができていることが、将来の社会適応を進める上でとても重要なことです。

　コロロの療育は、子どもの社会的適応力を高めることによって、将来の進学、就職、自立生活を目標にして、概念学習・行動トレーニング・適応力を育てるトレーニングの3つのプログラムを中心に、家庭での療育方法を提案し、問題行動の対応などについてもサポートします。また、MT（mother teacher）講座や保護者向けの講演会を定期的に開催し、家庭での療育を充実させるための療育理論や実践方法をお伝えしています。

集団指導で
適応力が育つ

〈コロロメソッド〉で療育をはじめてみませんか?

幼児教室
2歳〜6歳

一日を通したプログラムで、からだ・ことば・こころを育てる療育幼稚園です。

学童教室
(小学生〜)

放課後2時間のプログラムの中で、個々の子どもたちの発達段階に応じた学習指導や行動面のトレーニングを行います。

フリースクール
(小学生〜)

集団活動の中で社会生活のスキルを身につけます。

放課後等デイサービス
(小学生〜)

受給者証で利用できる福祉サービスです。集団での作業や歩行、行動トレーニングを通じて適応力を高めます。

---

①まず、お子様といっしょに近くの教室の〈発達相談〉にお越しください(初回無料)

- ●お電話かメールでご連絡➡相談日のご予約をしてください
- ●〈発達相談〉では➡育児の悩み、ことばの指導法、問題行動への対応法などをアドバイスします
- ●コロロの療育方針、施設について具体的にご説明します

⬇

②入会申込書をご提出ください ➡ ③通室スタート!

●発達相談のお申込み先

杉並教室	TEL 03-3399-0510	〒167-0042 東京都杉並区西荻北3-33-9	幼児 フリースクール 学童 放デイ
横浜教室	TEL 045-910-1106	〒225-0013 神奈川県横浜市青葉区荏田町 232-7	学童 フリースクール 放デイ
名古屋教室	TEL 052-626-8372	〒458-0847 愛知県名古屋市緑区浦里 5-329 1階	幼児 学童
神戸教室	TEL 078-856-8585	〒658-0052 兵庫県神戸市東灘区住吉東町 4-2-12-101	学童 フリースクール
松山教室	TEL 089-961-1184	〒790-0952 愛媛県松山市朝生田町1-10-3	幼児 児発 放デイ 生活介護
熊本教室	TEL 096-206-9670	〒862-0903 熊本県熊本市東区若葉 3-15-16 1階	幼児 フリースクール 学童 放デイ 生活介護

社会福祉法人コロロ学舎の放課後等デイサービス事業所		
羽音(はおん) TEL 042-847-3455 ※五乃神学園内	〒205-0011 東京都羽村市五ノ神345番地
ET教室 TEL 042-324-8355	〒185-0002 東京都国分寺市東戸倉2-10-34
コロロメソッドを実践する療育機関 コロロメソッド発達療育支援センター	TEL 098-887-1503 〒902-0061 沖縄県那覇市古島 2-4-11

●編者紹介 -

コロロ発達療育センター

　1983 年創立。自閉症、自閉的傾向、広汎性発達障がいなどの診断を受けた子どもや、集団に適応できないなどの問題を抱える子どものための指導方法を研究・実践する療育機関で、現在 1000 名以上の子どもが療育を受けています。

　コミュニケーションがとりづらい、問題行動やこだわり・パニックが頻発して家庭療育がままならないなど、さまざまな問題に対し、独自の療育システム（コロロメソッド）による具体的な対応法・療育方法を提示し、家庭療育プログラムを組みます。幼稚園や学校に通いながら、ほかの療法とも併せてプログラムを実践することができます。

　コロロメソッドがよくわかる出版物を多数刊行しています。詳細は HP をご覧ください。

　ホームページ：http://kololo.jp

〈監修者〉
久保田小枝子（社会福祉法人コロロ学舎理事）

〈執筆者〉
羽生　裕子（社会福祉法人コロロ学舎）
神村　真希（社会福祉法人コロロ学舎）
大神はるか（社会福祉法人コロロ学舎）
江國　智枝（株式会社コロロ発達療育センター）
芝嵜久美子（株式会社コロロ発達療育センター）
伊東　佳子（株式会社コロロ発達療育センター）

表紙デザイン──後藤葉子（森デザイン室）
表紙イラスト──早川容子
本文イラスト──磯村仁穂
編集協力──塚越小枝子
組版──合同出版制作室

コロロメソッドで学ぶ
ことばの発達ワークシート❶
因果関係と理由 編

2021 年 11 月 10 日　第 1 刷発行
2024 年 12 月 30 日　第 3 刷発行

編　　　者　コロロ発達療育センター
発 行 者　坂上美樹
発 行 所　合同出版株式会社
　　　　　　東京都小金井市関野町 1-6-10
　　　　　　郵便番号　184-0001
　　　　　　電話　042-401-2930
　　　　　　振替　00180-9-65422
　　　　　　ホームページ　https://www.godo-shuppan.co.jp/
印刷・製本　恵友印刷株式会社